Wilhelm Gwinner

Arthur Schopenhauer aus persönlichem Umgang dargestellt

Verlag
der
Wissenschaften

Wilhelm Gwinner

Arthur Schopenhauer aus persönlichem Umgang dargestellt

ISBN/EAN: 9783957005526

Auflage: 1

Erscheinungsjahr: 2015

Erscheinungsort: Norderstedt, Deutschland

Hergestellt in Europa, USA, Kanada, Australien, Japan
Verlag der Wissenschaften in Hansebooks GmbH, Norderstedt

Verlag
der
Wissenschaften

Arthur Schopenhauer.

Arthur Schopenhauer.

Arthur Schopenhauer

aus persönlichem Umgange dargestellt.

Ein Blick auf sein Leben, seinen Charakter
und seine Lehre

von

Wilhelm Gwinner.

Si non errasset fecerat ille mi
Martial.

———

Mit dem Portrait Schopenhauer's und einer vergleichenden
Seitenansicht seines Schädels.

Leipzig:

F. A. Brockhaus.

——

1862.

Vorrede.

Ich habe dem ausserordentlichen Manne,
dessen Andenken diese Schrift gilt, nach seinem
letzten Willen einen Grabstein gesetzt, auf dem
Nichts zu lesen ist als sein Name. Das Ue-
brige sollte die Nachwelt schon wissen. Auch
vertreten seine Werke den Biographen besser
als die anderer berühmten Gelehrten. Nur
als Schriftsteller betrat er die öffentliche Laufbahn; ängstlich vermied er, seitdem sein Geist
zum vollen Bewusstsein erwacht war, jede Berührung mit dem Thun der Menschen, und
sein eignes sollte nicht in Betracht kommen
gegen den bleibenden Gehalt seines Daseins:
sein Denken; aber über alle Gebiete des

Lebens erstreckt sich dieses und verräth vielfach den persönlichen Antheil des Autors. Deshalb wollte er nicht, dass die äusseren Züge seines Lebens zu seinem Gedächtnisse ins Einzelne hinein verfolgt würden. Und doch bedarf die kurze Grabschrift in den Augen seiner Zeit eines Commentars, den er selbst über sich nicht schreiben konnte. Ihn zu geben, hätte ich gern einem Andern überlassen, denn weder bekenne ich mich zu der Lehre meines Freundes noch ist es sonst meine Sache über Andre zu schreiben; aber ich musste der Ueberzeugung Raum geben, dass ihm Keiner, der dazu berufen wäre, lange genug und bis zuletzt nahe gestanden, um für mich eintreten zu können.

Es musste seinen Zeitgenossen gesagt werden, wer er gewesen, der nun vom Schauplatz abgetreten ist; der letzte Trumpf, der ihm in der sinkenden Hand geblieben, musste ausgespielt werden gegen das *vulgus profanum* der Professionisten: damit kein leiser Zweifel übrig bleibe, dass zwischen ihnen und ihm keine Gemeinschaft bestand noch besteht! Denn was die weite Kluft zu schliessen verbietet, ist ihre angestammte unveräusserliche Unfähigkeit, das was ihn gross macht im Vergleich mit ihrem Gewerbe zu verstehen, die köstliche Perle seines Geistes, die sie in der philosophischen Literatur unserer Tage vergraben finden wie der Hahn in der Fabel, zu würdigen und zu verwerthen.

Wer begriffe es sonst, dass sie, nachdem sich kaum die Erde über ihm geschlossen, an dunklem Ort, mit halber Stimme das Facit seines Verdienstes ziehen und Null finden, während gleichzeitig an demselben Ort ein der Vergessenheit mühsam entrissener Wirrkopf (E. A. von Schaden) als der grösste Philosoph des Jahrhunderts proklamirt wird, dessen System „nach Höhe, Tiefe und Breite das vollendetste" sei?! Ja, sie kehren Schopenhauer's Vorwurf: ihr Theismus gehe nach Brod und mache Carriere, nunmehr um und sagen: er verdanke seinen Ruhm seinem Atheismus; während sie, die Stifter der Gottesideen und des ersten deutschen Philosophentags vor den

Augen der Welt viel zu wenig gälten! Darum also, weil das Mediocre und Gemeine in dieser Welt sich breit in den Vordergrund drängt, ziemt es sich in gehobenem Ton zu reden vom Ungemeinen und Vortrefflichen, dass es nicht ganz übersehen werde. „Die Welt hat Manches von mir gelernt, was sie nie vergessen wird", sagt Schopenhauer selbst, und ich füge hinzu: was sie von den Handlangern am Tempelbau der Wissenschaft nie lernen kann, auch wenn sie haufenweise zusammenlaufen und die literarischen Messbuden mit dem Modekram ihrer Zeit füllen.

Ein Commentar ist nöthig zu seiner Grabschrift noch aus einem andern Grunde. Die „Wissenschaft des freien Gedankens", in unserer bildungssüchtigen Zeit an sich schon der Tummelplatz vieler Halbgebildeten und Verbildeten, hat in den Schriften dieses Mannes eine Gestalt angenommen, die sie der Gefahr des Missbrauchs und der Entstellung, zum Nachtheil der Sache und ihres Urhebers, doppelt aussetzt. Die flüssige, durchsichtige, überall auf lebendiger Anschauung beruhende Schreibweise Schopenhauer's, der unläugbare Mangel seiner Darstellung an systematischer Continuität, welcher auch das Naschen der Unberufenen zulässt, hat ihn in dem letzten Jahrzehend, nachdem er überdies in den Parergen populär geworden, zum Gegenstand eines allgemeineren Interesse, als dem Philosophen gut ist, gemacht. Aus dem, was fahrende Literaten und Zeitungsschreiber, unterstützt von dem Gewäsche neidischer Zunftkritik, über ihn zusammengetragen, ist allmälich ein Zerrbild in Umlauf gekommen, dem das Urbild gegenübergestellt werden muss, damit die Nachwelt die rechte Mitte herausfinden könne sammt der Moral.

Dies Buch wird nichts dazu thun, ihn der Menge näher zu bringen, noch ihn in den Augen Derer zu heben, die nie ihr geistig Brod mit Thränen gegessen haben, noch auch nur ihm die Gunst der Anhänger zu wahren, die neben dem Denker den Heiligen suchen, Natur und Gnade zumal begehren; vielmehr soll es nur ein neuer Beleg zu der alten Wahrheit sein, dass diese Welt im Allgemeinen, und die deutsche besonders, nicht eingerichtet ist für Genies. Auch hat es nur Leser im Auge, die mit dem Gegenstand, soweit er aus Schopenhauer's Schriften geschöpft ist, schon bekannt sind.

Euch aber, ihr Vortrefflichen, für die er nur Einen Namen hatte, wird es den Muth nicht dämpfen, auf dass ihr fortfahret, euren Acker zu bestellen, und dem klugen Sohne der „Jetztzeit" die Arbeit nicht zu leicht werde, bis er vollends einsehen lernt, dass die „schöne grüne Weide", von der ihm träumt, nicht in eurem spekulativen Zauberkreise liegt.

Frankfurt a. M., im November 1861.

Wilhelm Gwinner.

Phil. & Jur. D.

Inhalt.

I.

Wie er ward.

———

— Das Meiste nämlich
Vermag die Geburt
Und der Lichtstrahl, der
Dem Neugebornen begegnet.

Hölderlin.

Die grossen Denker aller Jahrhunderte haben das miteinander gemein und unterscheiden sich als Bauherren dadurch von dem Haufen der Kärrner, denen sie zu thun geben, dass sie Wahrheiten zu Tage fördern, die, einmal erkannt, zwar zeitweilig verdunkelt oder durch die fortschreitende Geistesbildung mannichfach modificirt und verschieden verwerthet, doch ihrem Kerne nach niemals aufgelöst oder als Irrthümer bei Seite geräumt werden können. Sie bilden die festen Punkte in einem Gebiete des Wissens, dessen Unsicherheit, ja fast unzugängliche Schwierigkeit den menschlichen Geist seit Jahrtausenden vexirt. Je weiter solche

Wahrheiten von der Sphäre des gemeinen Menschenverstandes abstehen, ohne doch von diesem widerlegt werden zu können, desto werthvoller sind sie. So die Ideenlehre Platon's und die Lehre Kant's von der Idealität der Erscheinung.

Auch unser unsterblicher Freund darf sich etwas von dieser Art zueignen und es däucht mich, dass seine Lehre von der Erblichkeit der Eigenschaften, als eine besondere Anwendung seines Hauptsatzes von den beiden Grundfactoren der Welt, mit dazu gehöre. Freilich ist sie von ihm, mehr vielleicht als irgend ein anderes neues Gebiet seiner Forschung, so zu sagen erst mit Einem Fusse betreten und kaum den allgemeinen Umrissen nach flüchtig abgezeichnet, ja dem Entdeckungseifer noch so weit verschlossen, dass ein glücklicher Americus vielleicht dereinst den Namen dazu leihen wird! Durch den anerkannten Satz der neueren Physiologie von dem überwiegenden Einfluss des männlichen Factors in der Zeugung auf das irritable, des weiblichen auf das sensible Leben des Erzeugten erscheint die speculative Lehre Schopenhauer's von der Vererbung des Willens vom Vater, des Intellects von der Mutter gleichwohl insoweit empirisch beglaubigt, dass alle nothwendig werdenden Restrictionen derselben ihren Kern nicht auflösen, sondern nur in helleres Licht setzen können. Das tiefsinnige Centraldogma Schopenhauer's von der androgynen Natur der Welt, in der uns, nach Faust's Ende, „das Ewig-Weibliche" hinanzieht, d. h. die Vorstellung (intellectus) den Willen von immer neuen Seiten erhellt, bis er zur Selbsterkenntniss gelangt und, in der Umarmung mit ihr, das Sittliche zeugt, steht mit dieser seiner Lehre von der Erblichkeit der Eigenschaften, wie man z. B. aus seiner merkwürdigen Beleuchtung des Incests sieht, im nächsten Zusammenhang.

Leider können wir uns für Aeltern und Vorältern berühmter Menschen nicht eher interessiren, als bis sie bereits in das Dunkel der Vergangenheit gehüllt sind; waren sie dagegen selbst schon bekannt oder gar berühmt, so sollen wir diesen glücklichen Zufall benutzen, um die Nachwelt in den Besitz eines möglichst vollständigen Materials zur Beurtheilung der zur Zeit noch nicht reifen Successionsfrage des Geistes zu setzen. Dieser Fall liegt hier vor; doch bin ich weit entfernt, mit dem Wenigen, was ich in dieser Richtung hier biete, einer solchen Aufgabe jetzt schon genügen zu wollen; vielmehr soll diese Lebensskizze nur das nachfolgende Charakterbild einleiten.

Arthur Schopenhauer ist von Vaters Seite einer alten angesehenen Danziger Familie entsprossen. Schon sein Urgrossvater Andreas, dessen auf unsern Denker vererbte Büste einen Mann von Thatkraft und Entschiedenheit darstellt, erlebte die Ehre, auf der von ihm gepachteten grössten städtischen Domaine Stutthof Peter den Grossen und die Kaiserin Katharina zu bewirthen. Wie er sich hierauf verstanden, erzählt Johanna Schopenhauer, deren Vater, der Rathsherr Christian Heinrich Trosiener, die Domäne 1789 inne hatte, aus dem Munde eines hundertjährigen Augenzeugen, der den einjährigen Arthur noch auf dem Arme getragen. „Der Czar und seine Gemahlin durchzogen das Haus, um sich ein Schlafzimmer zu wählen, und ihre Wahl fiel auf eines, in welchem weder Ofen noch Kamin sich befand. Nun galt es, bei strenger Kälte dieses Zimmer zu erwärmen. Guter Rath war hier theuer, aber der alte Herr Schopenhauer wusste ihn doch zu finden: mehrere Fässchen Branntwein wurden herbeigeschafft, auf den mit holländischen Fliesen ausgelegten Fussboden des dicht verschlossenen Zimmers ausgegossen und angezündet. Jauchzend vor Freude blickte der Czar in das zu seinen Füssen wogende Feuermeer, während alle Anstalten getroffen wurden, die weitere Verbreitung desselben zu verhindern. Sobald es ausgebrannt war, begab sich das hohe Paar in dem glühend heissen, mit Qualm und Dunst gefüllten Raume zur Ruhe, stand am andern Morgen ohne Migraine wieder auf und verliess rühmend das gastfreie Dach seines Wirthes."

Der nicht weniger praktische Sohn desselben, Johann Friedrich Schopenhauer brachte den Wohlstand der Familie aufs höchste und bewohnte als Greis in Ohra bei Danzig, wo sich noch die Familiengrabstätte befindet, ein stattliches Landhaus mit ausgedehntem Garten und einer öffentlichen Allee, die bis in die neueste Zeit den Namen der Familie führte, jetzt aber abgeholzt ist. Auch die Grossmutter Schopenhauer's, Renata geborene Saermans, gehörte einer angesehenen Familie an; musste aber nach ihres Mannes Tode, gleich ihrem von Jugend auf blödsinnigen Sohne Andreas Michael Schopenhauer, wegen Geistesschwäche unter Vormundschaft gestellt werden. Ihr jüngster Sohn Heinrich Floris Schopenhauer, der Vater Arthur's, geboren 1747, lernte schon in jungen Jahren die Welt kennen und erbte später den Hauptstock des Vermögens und das Ansehen der Familie.

Heinrich Floris Schopenhauer war ein ungewöhnlicher Mensch. Sein Körperbau war gedrungen und unter der mittlern Grösse, sein Gesicht breit wie das seines Sohnes; auch war er von Jugend auf harthörig wie dieser, nur in höherm Grade. Stark vortretende lebhafte Augen, eine kurze, aufwärts strebende Nase und ein grosser Mund gereichten ihm so wenig zur Zierde, dass, als er am 22. Februar 1788 nachmittags mit erhitztem Kopfe in sein Comptoir trat und dem versammelten Personal die Worte entgegenstammelte: „Ein Sohn geboren!" der humoristische Buchhalter, im Vertrauen auf die Taubheit des Principals, sich feierlich erhob und mit der Anrede gratulirte: „Wenn er dem Papa ähnlich wird, muss er ein schöner Pavian werden!“

Patricier und Aristokrat, war er zugleich von einem ungemein starken Sinn für Recht und Freiheit beseelt, der ihm das Vertrauen und die Liebe seiner Mitbürger in hohem Grade gewann. Furchtlose Offenheit war ein Hauptzug seines Charakters, an dessen Eigenheit er mit derselben unveräusserlichen rücksichtslosen Zähigkeit festhielt, die das Leben seines Sohnes auszeichnet. Der überaus heftige und dabei in wichtigen Dingen bis zur Starrheit feste, sich worthaltende Wille beider widerlegt die gemeine Meinung, nach welcher Beharrlichkeit nur bei ruhigen Naturen zu finden wäre: der Grundton überdauert die momentanen Ausschweifungen in der Harmonie eines solchen Charakters und verläugnet sich in keiner noch so heftigen Erregung.

Die allgemeine Gunst seiner Mitbürger zog er zuerst durch einen Vorfall auf sich, der uns mitten in die Geschichte der schicksalsreichen Stadt versetzt. Friedrich der Grosse hatte die seit der ersten Theilung Polens zur Beute Preussens ausersehene hanseatische Republik, um ihr jede Zufuhr von der Landseite abzuschneiden, mit einem Armeecorps eingeschlossen. Der Commandeur dieser Expedition war auf dem Schopenhauer'schen Gute in Ohra einquartiert, wo Johann Friedrich Schopenhauer in stiller Zurückgezogenheit von einem arbeitsvollen Leben ausruhte. Um dem alten Herrn seinen

Dank für die erzwungene aber gastfreundliche Aufnahme zu bezeigen, liess der General'dem in der Stadt wohnenden Sohne desselben, welcher ausgezeichnet schöne Pferde hielt und für dieselben eine fast sprichwörtlich gewordene Vorliebe hegte, freie Einfuhr der Fourage anbieten. Heinrich Floris aber schrieb darauf: er danke dem preussischen General für seinen guten Willen; sein Stall sei jetzt noch versehen, und wenn der Vorrath verzehrt sei, lasse er seine Pferde todt stechen. Diesen seinen glühenden, während jahrelanger Drangsale seiner Vaterstadt grossgezogenen Preussenhass bethätigte er nicht nur mit Worten, sondern er opferte ihm, als sich Danzigs Schicksal 1793 entschied, nach einem längst gefassten Entschlusse, Vaterland und Vermögen, indem er, vierundzwanzig Stunden nachdem er die Gewissheit der preussischen Herrschaft erlangt hatte, mit den bedeutendsten Verlusten nach Hamburg übersiedelte.

Und doch war ihm schon frühe der Weg offen gestanden, unter dem auch von ihm bewunderten Monarchen in dem verhassten Staate seinen Vortheil zu finden. Denn als er einige Jahre vor seiner Verheirathung nach langem Aufenthalte im Auslande heimreiste, war er in Potsdam als Zuschauer bei der Parade, dem grossen Friedrich, dem so leicht keine neue Erscheinung entging, durch die Eleganz seiner Toilette und die fremde Haltung aufgefallen und noch am nämlichen Tage beschieden worden, sich den folgenden Morgen im Cabinet des Königs einzustellen. Er traf diesen allein und das Resultat einer fast zweistündigen Audienz war die wiederholte, beinahe dringend werdende Aufforderung, sich in Preussen niederzulassen. Das durchdringende Auge des Monarchen hatte die Bedeutung des Mannes sogleich erkannt, und stets bemüht seinem Lande neue Kräfte zuzuführen, sicherte er ihm und seinen Nachkommen durch Cabinetsordre vom 9. Mai 1773 wichtige Prärogativen zu. Der stolze Republikaner aber, dessen Familienwappen *) die Devise führt: „Point de bonheur sans liberté", war nicht gewillt, sein Glück aus der Hand des Unterdrückers seiner Vaterstadt zu nehmen. Ebenso wenig hatte er von dem ihm vom Könige von Polen verliehenen Hofrathstitel jemals Gebrauch gemacht. Man sollte vermuthen, ein so excentrischer Mensch sei zur erwerbenden Thätigkeit, die sich überall den Verhältnissen anbequemt, geradezu untauglich gewesen; allein noch lebende jüngere Zeitgenossen schildern ihn als gewandten Geschäftsmann. Ging doch ein Gran dieses seines Talents sogar auf den unpraktischen Sohn über: denn auch dieser verstand zu rechnen. Die häufigen, zum Theil sehr langen und kostspieligen Reisen traten aber dem Wachsthum des Wohlstandes der Familie, zumal seit der Uebersiedelung nach Hamburg, bei der für Abzugssteuer

---

*) Ein schräger Balken zwischen zwei Sternen.

allein der zehnte Theil des Vermögens eingebüsst wurde, störend in den Weg.

Neben ausgebreiteten kaufmännischen Kenntnissen hatte sich Heinrich Floris während seines mehrjährigen Aufenthalts in Frankreich und England eine auch unter seinen Standesgenossen ungewöhnliche geistige Bildung erworben. Mit besonderer Vorliebe las er die französischen Schriftsteller seines Jahrhunderts, vor allen Voltaire. Für das Staats- und Familienleben der Engländer war er so eingenommen, dass er sich lange mit dem Plane trug, zu ihnen auszuwandern. Nachmals beschränkte er sich darauf, sein Hauswesen mit englischem Confort auszustatten, und, wozu ihm sein reizender Landsitz in Oliva eine ausgesuchte Gelegenheit bot, die englische Gartenkunst zu pflegen. Täglich las er eine englische und eine französische Zeitung, und frühzeitig hielt er seinen Sohn zur Lectüre der Times an; denn aus diesem Blatte könne man Alles lernen. Derselbe befolgte auch den väterlichen Rath bis zu seinem Ende. Auf Heinrich Floris' Lebensordnung und Gewohnheiten hatte der Chef des Hauses Bethmann in Bordeaux, in dem er längere Zeit als Volontair thätig gewesen war, nachhaltigen Einfluss geübt und er pflegte seine Unterweisungen als Familienvater, mit den Worten zu bekräftigen: „So hat es Herr Bethmann gehalten."

Er war bereits in sein achtunddreissigstes Jahr

getreten, als ihn die aufblühenden Reize der achtzehn-
jährigen Johanna Henriette Trosiener in die Fesseln
der Ehe schlugen. Der Rathsherr Trosiener zählte
nicht zu den reichen, aber doch zu den hervorragenden
Bürgern Danzigs. Auch er war von unbestechlicher
Redlichkeit und unbeugsam republikanischem Sinne, aber
auf seiten des Volks; denn es fehlte auch in jener Zeit,
als Sein oder Nichtsein der kleinen Republik in Frage
standen, nicht an innerm Zwiespalt, gleichwie in unsern
kritischen Tagen die ehrwürdigen altangeerbten Ver-
fassungen der letzten vier freien Städte Deutschlands,
denen diese so viel zu danken haben, nicht schnell
genug weggeräumt werden können, damit doch ja nicht
dieses Geschäft der Hand des hereinbrechenden grössern Geschicks vorbehalten bleibe. Jedesmal wann die
äusseren Verhältnisse, von denen solche kleine Frei-
staaten beherrscht werden, treues Festhalten an den
angestammten Gütern und zögerndes Beharren selbst bei
veralteten öffentlichen Zuständen von den Dächern
herab predigen, schwelgt, kurz vor dem Ende noch,
die politische Leidenschaft in Reformgelüsten. Christian
Heinrich Trosiener war jedoch kein Neuerer im schlechten
Sinne. Angeborenes Talent und wohlbenutzte Lebens-
erfahrungen ersetzten ihm die gelehrten Kenntnisse,
und sein richtiger Blick liess ihn die Nachtheile bürger-
licher Spaltungen im Augenblicke der Gefahr wohl erkennen. Wie er sein Amt mit Ernst und Würde führte,

so war auch sein Aeusseres imponirend. Er hatte für die damalige Zeit bedeutende Reisen gemacht, war in Russland und mehrere Jahre in Frankreich gewesen und hatte sich mit den fremden Sprachen geistige und körperliche Gewandtheit angeeignet. Auch war er heiterer und lebhafter Gemüthsart; aber über alle guten Eigenschaften warf, nach dem Zeugnisse seiner eigenen Tochter, eine nicht zu zähmende Heftigkeit des Charakters zuweilen ihren verdunkelnden Schatten, welche denen, die ihn nicht genau kannten, den Umgang mit ihm verleidete. Gerade wenn man es am wenigsten erwartet hatte, konnte ihn der unbedeutendste Anlass zu wildem, freilich sich schnell wieder legenden Zorne aufbringen. Dann erbebte vor seiner Donnerstimme das ganze Haus und alle Hausgenossen bis auf Hund und Katze liefen ihm voll Angst aus dem Wege.

Nur seine Frau verstand es, ihn zur Ruhe zu bringen. „Mit wenigen Strichen", sagt Johanna Schopenhauer, „ist das Bild meiner lieben, sanften Mutter Elisabeth, geborenen Lehmann, recht getreu und charakteristisch darzustellen: ein kleines zierliches Figürchen mit den niedlichsten Händchen und Füsschen, ein paar grosse sehr lichtblaue Augen, eine sehr weisse feine Haut und schönes langes lichtbraunes Haar, so war sie in der äussern Gestalt. Zur rüstigen Hausfrau in dem Sinne der damaligen Zeit eignete sie ihrer Natur nach sich wenig, und in Hinsicht auf das, was in unsern

Tagen von Frauen gefordert wird, war ihre Erziehung nicht minder vernachlässigt worden, als die der Mehrzahl ihrer Zeitgenossen. Ein paar Polonaisen und Murkis auf dem Klavier, ein paar Lieder, bei denen sie sich selbst zu accompagniren wusste, Lesen und Schreiben für den Hausbedarf, das war so ziemlich alles, was man sie gelehrt hatte. Doch Mutterwitz, natürlicher Verstand und jene rege den meisten Frauen eigene Auffassungsgabe entschädigten sie für diese Mängel."

Die Mutter unseres Philosophen stand noch auf der letzten Stufe der Kindheit, als sie dem zwanzig Jahre ältern Heinrich Floris Schopenhauer ihr Jawort gab. Ueber ihr Verhältniss zu ihm sagt sie selbst: „Noch vor Vollendung meines neunzehnten Jahres war mir durch diese Verbindung die Aussicht auf ein weit glänzenderes Loos geworden, als ich jemals berechtigt gewesen zu erwarten; doch dass dies in |so früher Jugend meine Wahl nicht bestimmen konnte, ja dass ich kaum daran dachte, wird man mir zutrauen. Ich meinte mit dem Leben abgeschlossen zu haben, ein Wahn, dem man in früher Jugend nach der ersten schmerzlichen Erfahrung sich so leicht und gern überlässt. Ich durfte stolz darauf sein, diesem Manne anzugehören, und war es auch. Glühende Liebe heuchelte ich ihm ebenso wenig, als er Anspruch darauf machte." Constatiren wir diese für uns hochwichtige Thatsache, dass der Verfasser der „Welt als Wille und Vorstellung“ seine Entstehung keiner Neigungsehe verdankt; dass seine Mutter das feurige Temperament seines Vaters zwar mit hellem Verstande aufnahm, die überwältigende Innigkeit des Gefühls aber, die wir Liebe nennen, der Verbindung fremd blieb.

Johanna Schopenhauer ist am 9. Juli 1766 geboren. Sie war die älteste Tochter ihrer Aeltern und erbte die zierlichen Formen, das hellbraune Haar und die klaren blauen Augen von der Mutter. Ihre kleine, in jungen Jahren ungemein anmuthige Gestalt war im Alter corpulent und durch das Höherstehen der linken Hüfte verdorben. Ihre Gesichtszüge waren mehr freundlich als schön. Bis ins Greisenalter bewahrte sie in ihrer Erscheinung und Unterhaltung eine Grazie, die ihre starke Neigung zur Geselligkeit in den verschiedenartigsten Kreisen Befriedigung finden liess. Dabei hielt sie doch auf sich selbst, war sich ihrer Vorzüge wohl bewusst und konnte mitunter sogar für hochmüthig gelten. Ihr Jugendleben in jener Stadt, von der ihre Tochter Adele sagt: „sie liegt in einem Paradiese, wie ein Stammbuch der Welt gemahnt es mich oft, wenn ich umherstreife: von allen Ländern findest du Proben“, — hat sie selbst anziehend geschildert. Leider überraschte sie, als diese Memoiren erst bis zum Jahre 1789 gediehen waren, am 16. April 1838 in Jena der Tod.

Was ihr an gründlicher Bildung in der beschränkten Erziehungssphäre ihres Aeiternhauses abgegangen war, wusste ihr reiches Talent an der Seite eines Weltmannes wie Heinrich Floris Schopenhäuer in der kürzesten Zeit zu ersetzen. Schon dessen häusliche Einrichtung bot der jungen Frau höhere Eindrücke, als ein elegantes Ameublement gewähren kann. Die besten Kupferstiche schmückten die Wände ihrer Zimmer, Abgüsse antiker Büsten und Statuen im Hause machten sie mit der plastischen Kunst vertraut. Die ausgewählte englische und französische Bibliothek ihres Mannes läuterte ihren Geschmack und bildete ihr Urtheil, während ein treuer Freund ihrer Kindheit, der Prediger der englischen Colonie in Danzig, Dr. Jameson ihr bei den Irrungen, welche die rasche Entwicklung ihres intellectuellen und moralischen Lebens mit sich führte, beruhigend und wegweisend zur Seite stand. Bevor noch die in Oliva verlebten Flitterwochen zu Ende gingen, trat sie die erste grosse Reise mit ihrem ebenso wanderlustigen Gatten an. Ueber Berlin, Hannover und Pyrmont, wo sie sich Möser's Freundschaft erwarb, kamen sie nach Frankfurt. „Hier“, sagt sie, „wehte ein Hauch vaterländischer Luft mir entgegen: Alles erinnerte mich an Danzig und an das dortige reichsstädtische Leben.“ Sie trug damals den Sohn unter dem Herzen, ohne zu ahnen, dass dieser dereinst seine zweite Heimath und sein Grab in dieser Stadt finden sollte. Sie reisten durch Belgien nach Paris und von dort nach England, wo Arthur nach dem ausdrücklichen Wunsch seines Vaters ans Licht der Welt gesetzt werden sollte, um damit die Rechte des Indigenats der grossen Nation zu erwerben. Allein die plötzlich erwachende Sorge für die junge Mutter liess es nicht dazu kommen, und nach einer forcirten Heimreise im Winter, von deren Beschwerden unsere Generation keine Vorstellung mehr hat, erfolgte die ersehnte Geburt am 22. Februar 1788 in dem noch stehenden, aber sehr veränderten Hause auf der Heiligengeiststrasse Nr. 117 in Danzig. Am 3. März war die Taufe. Den Namen Arthur wählte der Vater mit Rücksicht auf die dereinstige Firma des zum Kaufherrn prädestinirten jungen Weltbürgers, weil er in allen Sprachen der nämliche bleibt.

Der Ausbruch der französischen Revolution hatte die republikanischen Gesinnungen der Aeltern Schopenhauer's bis zur Begeisterung gesteigert und als mit der Blokade Danzigs, im März 1793, die letzte Hoffnung auf die Erhaltung des kleinen Freistaats gewichen war, wanderten sie mit dem fünfjährigen Sohne, wenige Stunden ehe die preussischen Truppen die Stadt besetzten, in eiliger Flucht durch das damals schwedische Pommern nach Hamburg aus. Hier begann ein neues Leben der Familie und die besten Kreise der liberalen Schwesterstadt schlossen sich ihr auf. Aber der Verlust der Heimath schien die Wanderlust der Ehegatten fast krankhaft vermehrt zu haben; denn ausser den regelmässigen Besuchen der jungen Frau bei den Ihrigen in Danzig unterbrachen ihren zwölfjährigen hamburger Aufenthalt zahlreiche grössere und kleinere Touren. Der leichte freie Sinn Johanna's, ihre Virtuosität in der Anknüpfung neuer geselligen Verhältnisse, die Geläufigkeit ihrer englischen und französischen Conversation, endlich eine wohl allzu grosse Liberalität in der Verwendung und Mittheilung dessen, was sie besass, mochten sie und den ihr zu Gefallen lebenden Gatten besonders zum Reiseleben verführen. Auch der Umstand, dass die junge Frau in einer Ehe lebte, die sie nicht vollkommen ausfüllte und befriedigte, trug gewiss zu dieser Unstetigkeit und Zerstreuungssucht bei. So kam die Familie schon während Arthur's Knabenalter mit vielen berühmten Zeitgenossen in persönliche Berührung. Zu ihren merkwürdigen Bekanntschaften der frühern Zeit gehören Klopstock, Tischbein, Reimarus, Baron Stael, Madame Chevalier, Büsch, Graf Reinhard, Meisner aus Prag, Feldmarschall Kalkreuth, Sievekings, Lady Hamilton und Nelson.

Die weltmännische Ausbildung Arthur's war ein Nebenzweck dieser Reisen, den sein Vater nie aus den Augen verlor. Dankbar gedachte der Sohn dessen oft, wenn er die vorurtheilsfreie, vielseitige liberale Erziehung, die ihm von frühester Kindheit an zu theil geworden, derjenigen der meisten deutschen Gelehrten gegenüber rühmte. Schon mit neun Jahren nahm ihn der Vater mit nach Frankreich und liess ihn dort bei einem Geschäftsfreunde, Gregoire in Havre zurück, wo der Knabe über zwei Jahre blieb und mit dem gleichalterigen Sohne des Hauses Privatunterricht genoss. Dort verlebte er die glücklichste Zeit seines Knabenalters und bildete sich — worauf der Vater es abgesehen hatte — ganz zum Franzosen aus. Nach Hamburg auf dem Seewege ohne Begleitung heimgekehrt, hatte er seine Muttersprache verlernt und konnte sich nur allmählich wieder an die harten Klänge derselben gewöhnen. Er trat nun in das Runge'sche Privatinstitut, wo die Söhne der angesehensten Familien seine Schulgenossen waren. Hier, wie auch schon in Havre, empfing er einigen lateinischen Unterricht; jedoch, im Hinblick auf den Beruf des Kaufmanns, ohne Erfolg: denn öfters erwähnte er, dass er sein Latein erst im neunzehnten Jahre, und zwar in sechs Monaten gelernt habe.

Zum grössten Leidwesen des für die Erziehung des zukünftigen Kaufmanns so frühe besorgten Vaters erwachte aber um diese Zeit in dessen Herzen eine brennende Liebe zur Wissenschaft. Lange widerstand der mit Bitten Bestürmte, bis er endlich diesen und den Zeugnissen der Lehrer Gehör schenkend, den Plan erwog, den Sohn dem Gymnasium zu übergeben. Da ihm aber der Gedanke an den Gelehrtenstand von dem der Dürftigkeit unzertrennlich war, so dachte er ihn zum hamburger Kanonikus zu machen. Ueber der Erwägung der kostspieligen Bedingungen verzögerte sich die Entscheidung und der Vater nahm seine Zuflucht zur List. Er benutzte nämlich die Sehnsucht des Knaben nach seinem geliebten Freunde, dem jungen Gregoire in Havre und seinen gleich mächtigen Trieb die Welt zu sehen, indem er ihm die Alternative stellte: entweder sofort ins Gymnasium einzutreten, oder aber, auf die gelehrte Laufbahn ein für allemal verzichtend, nach dem Genusse einer mehrjährigen Reise, deren Plan beide Aeltern bereits entworfen hatten, die Handlung zu erlernen. Einer solchen Versuchung konnte der erst fünfzehnjährige Liebhaber der Muse nicht widerstehen: er verläugnete die Geliebte ·und reiste im Frühjahr 1803 voll Erwartung der Dinge, die da kommen sollten, mit den Aeltern ab.

Von dieser letzten und längsten, in die Jahre 1803 und 1804 fallenden Reise der Familie durch Belgien, England, Frankreich, die Schweiz und Deutschland hat Johanna Schopenhauer später vielgelesene Beschreibungen gegeben, deren Stoff sie aus genau geführten, aber damals noch jeder literarischen Absicht fremden Tagebüchern schöpfen konnte. Auch der Sohn wurde zur Führung eines Reisejournals angehalten. Der unläugbar grosse Nachtheil, gerade in den Jahren, welche die Spannung der jugendlichen Kräfte auf den Erwerb gründlicher Schulbildung gebieterisch fordern, aus jeder geordneten Thätigkeit herausgerissen und den Zerstreuungen eines von zahllosen flüchtigen Eindrücken hin und herbewegten, beschaulich geniessenden Reiselebens hingegeben zu sein, sollte ihm nachmals aufs schmerzlichste bewusst werden. Erst nachdem das Versäumte durch eisernen Fleiss ersetzt war, stellte sich die Ueberzeugung bei ihm fest, dass diese Führung seines Lebens nicht Zufall, sondern zur Aufgabe desselben nothwendig gewesen war. Denn eben in jenem Alter der erwachenden Mannbarkeit, wo das jugendliche Gemüth für Eindrücke jeder Art am empfänglichsten ist und seine Fühler nach allen Seiten der Welt verlangend ausstreckt, wurde er nicht, wie die andern zum Gelehrtenberuf bestimmten Jünglinge, mit todten Begriffen und Erzählungen, sondern mit den Dingen selbst, mit lebendigen Anschauungen befruchtet und auf diese Weise eigens dazu herangebildet, sich bei dem Klange der Worte nicht zu beruhigen, geschweige denn diese für die Dinge selbst zu nehmen.

In England blieben sie sechs Monate, und während verschiedener Ausflüge der Aeltern in den Norden des britischen Eilands wurde der Sohn in der Pension eines Geistlichen zu Wimbledon bei London untergebracht. Hier legte er den Grund zu seiner nachmaligen Vertrautheit mit Sprache und Literatur der ihm geistig verwandten Nation. Aber schon als fünfzehnjähriger Knabe eifert er gegen die englische Bigoterie. In einem

Briefe an seine Aeltern heisst es: „Wenn doch die Fackel der Wahrheit diese Finsterniss durchbrennen könnte." Die Mutter rügt in ihrer Antwort den falschen Ausdruck, fügt aber gleich hinzu: „Von dem Christenthum kriegst du dein reichlich Theil und ich kann es dir nicht verdenken, wenn es dir etwas zuviel dünkt." Eifrig trieb er daneben sein schon frühe begonnenes Flöten-spiel und die gymnastischen Künste, verwandte auch viele Mühe auf die Aneignung einer geläufigen kauf-männischen Handschrift, womit ihn sein Vater ohne Noth plagte, da er bald besser schreiben lernte, als dieser ahnen konnte.

Den tiefsten Eindruck nahm der junge Philosoph von den Alpen mit sich. In Chamouny quälte er seinen Vater, allein zurückbleiben zu dürfen, und noch im späten Alter überschlich ihn ein eigenthümliches Heim-weh, wenn er auf den Montblanc zu sprechen kam. „Die so häufig bemerkte trübe Stimmung hochbegabter Geister", sagt er in der Welt als Wille und Vorstellung, „hat ihr Sinnbild an diesem Berge, dessen Gipfel meistens bewölkt ist: aber wann bisweilen, zumal früh morgens, der Wolkenschleier reisst und nun der Gipfel vom Sonnenlichte roth, aus seiner Himmelshöhe über den Wolken, auf Chamouny herabsieht; dann ist es ein Anblick, bei welchem jedem das Herz im tiefsten Grunde aufgeht. So zeigt auch das meistens melancho-lische Genie zwischendurch die nur ihm mögliche, aus der vollkommensten Objectivität des Geistes entspringende, eigenthümliche Heiterkeit, die wie ein Lichtglanz auf seiner hohen Stirne schwebt: in tristitia hilaris, in hilaritate tristis.“ Wie fern dieser melancholische Ernst des Jünglings von der Affectation des vulgären Weltschmerzes gewesen, beweist sein ganzes Leben und schon 1806 schreibt ihm seine Mutter über die Plünderung Weimars: „Ich könnte dir Dinge erzählen, vor denen dir das Haar emporsträuben würde; allein ich will es nicht thun, denn ich weiss ohnedies, wie gern du über das Elend der Menschen brütest.“ Bedenkt man die Fülle der Kraft und die glückliche äussere Lage des Jünglings, so wird man diesen seinen frühreifen Pessimismus als ein Merkmal innerer Wahrheit nicht genug würdigen können.

Im Herbste 1804 begleitete er seine Mutter wieder nach Danzig, wo er in derselben ehrwürdigen Marienkirche, in der er die Taufe empfangen, durch den Diakonus Blech confirmirt wurde. Im December kehrte er nach Hamburg zurück und trat mit Neujahr 1805 bei Senator Jenisch in die kaufmännische Lehre. Wenige Monate später erfolgte der plötzliche Tod seines Vaters. Die Art desselben — er stürzte aus einer hohen Speicheröffnung in den Kanal — erregte Aufsehen und es ging das Gerücht, dass er freiwillig, wegen eingebildeter Vermögensverluste, geendet habe. Er litt in den letzten Lebensjahren, wenn nicht an

Gemüthsstörungen, doch an krankhaften Beängstigungen und war mit zunehmender Taubheit reizbarer und heftiger geworden. Für einen Zufall dagegen spräche der Umstand, dass der alte Herr als echter Hauskater nach Allem selbst zu sehen pflegte und bei einer solchen Visitation des Speichers leicht verunglücken konnte.

Dieser Todesfall gab der Wittwe und dem Sohne eine Freiheit, welche beide, ihren Charakteren gemäss, bald nach entgegengesetzten Richtungen führte. Schon im nächsten Jahre siedelte die erstere mit ihrem Töchterchen Adele nach Weimar über. Die Stadt, in der sie den Sohn zurückliess, war ihr entleidet; geistige Bedürfnisse zogen sie nach Deutschlands Musenhof, denn alle persönlichen Bande musste sie dort erst neu anknüpfen. Dies geschah mit einem ihre Erwartungen weit übertreffenden Erfolg. Vierzehn Tage vor der Schlacht bei Jena, ohne Ahnung von dem bevorstehenden Sturme, war sie in Weimar angelangt, und vierzehn Tage danach schon hatte die bindende Gewalt gemeinsamer grosser Erlebnisse, hatten ihre Liebenswürdigkeit und ihre Talente sie mit allen Celebritäten der Stadt befreundet. Die hierauf folgende Zeit schuf in ihr, wie Adele sagt, „einen zweiten Geistesfrühling, denn der Himmel gewährte ihr in derselben, was er sonst nur der Frische der Jugend zu geben pflegt. Mit dem wärmsten sorglosesten Gefühle blickte sie in eine ihr bis dahin unbekannt gebliebene und doch längst ge-

ahndete neue Welt; überrascht von der plötzlich sich
entfaltenden Kraft ihrer Fähigkeiten, von ihrem bis dahin schlummernden Talent mit einem mal gehoben,
genoss sie mit täglich neuer Freude den Umgang der
ausgezeichnetsten Männer, die damals Weimar theils
als ihm angehörig in sich schloss, theils durch dieselben
aus entfernteren Gegenden Deutschlands an sich zog.
Sie gefiel und that gemüthlich wohl. Sie war wohl-
habend genug geblieben, um bequem leben und den
reichen Kreis dieser Freunde fast täglich um sich her-
ziehen zu können. Ihr anspruchsloser und doch erre-
gender Umgang machte ihr Haus zum Mittelpunkt des
geistig geselligen Treibens, · in dem jeder sich selbst
heimisch und behaglich empfand, und unbefangen das
beste darbot, was er zu geben vermochte. Sie selbst
nennt in dem Schema zu ihren Memoiren einen Theil
der interessantesten Menschen, die sie damals um sich
sah, zahllose andere führte die Zeit vorüber, und lange
Jahre hindurch blieb; trotz allen äussern Veränderungen,
ein Nachschimmer jener Tage, wie ein später Sonnen-
strahl, auf dem Hause ruhen".

Ihr Salon versammelte wöchentlich zweimal Männer
wie Goethe, Wieland, Heinrich Meyer, Falk, Fernow,
die beiden Bertuch, Zacharias Werner, Friedrich Majer,
Froriep, St. Schütze, Riemer, Grimm, Fürst Pückler,
die beiden Schlegel und viele andere. Auch bei Hof
war sie gern gesehen, genoss die Freundschaft der

Herzogin Amalie, Karl August's und seiner Frau, der Herzöge von Gotha, des damaligen Erbgrossherzogs von Meklenburg-Schwerin und der Herzogin von Hildburghausen. Unter allen trat ihr Fernow, der auch auf den Sohn von grossem Einfluss wurde, am nächsten. Mit seiner Biographie eröffnete sie ihre literarische Laufbahn, auf der sie in wenigen Jahren eine der beliebtesten Schriftstellerinnen werden sollte.

Inzwischen hatte der Sohn, tief erschüttert durch den plötzlichen Verlust des geliebten Vaters, aus Pietät für denselben die verhasste Laufbahn unter beständigen innern Anfechtungen, die allmählich den Charakter einer tiefen Melancholie annahmen, dem Scheine nach fortgesetzt. In Wahrheit versäumte er seine Comptoirarbeiten und hinterging den Principal auf alle Weise, sei's dass er den Umgang mit den Musen unter dem Schreibtische verbarg, sei's dass er, statt auf dem Speicher, in Gall's phrenologischen Vorlesungen sass. Die Möglichkeit, den verfehlten Beruf jetzt noch abwerfen, jetzt noch den Zweck seines Daseins erreichen zu können, kam ihm unter den heterogenen Umgebungen und Beschäftigungen nicht mehr. Er verzweifelte an sich selbst und liess den tiefen Missklang nur in Klagen laut werden. Da kam ihm Hülfe aus der Ferne. Die Mutter hatte Rath suchend einen seiner Briefe ihrem Freunde Fernow mitgetheilt und dieser schrieb sofort, er könne umkehren, es sei noch keines-

wegs zu spät. Ein Strom von Thränen brach aus
den Augen des Jünglings und — vielleicht das einzige
mal in seinem Leben — entschied er sich ohne Bedenken. Es bedarf kaum der Erwähnung, dass Johanna
Schopenhauer dem Entschlusse keinen Widerstand ent-
gegensetzte; vielmehr wünschte sie dem Sohne vom
Herzen Glück zu der raschen Entscheidung und ging
ihm mit Rath und That mütterlich an die Hand. Auf
den Vorschlag Fernow's liess sie ihn nach Gotha ziehen,
wo Jakobs und Döring glänzten. Der letztere führte
ihn durch Privatunterricht rasch in die classischen
Sprachen ein und hatte bald Anlass, ihm der reissen-
den Fortschritte wegen eine glänzende gelehrte Zukunft
zu prophezeihen. Jakobs war von der Reife seiner
deutschen Aufsätze hoch überrascht. Diese Erfolge
gaben ihm die ganze Spannkraft des Geistes und den
vollen Jugendmuth wieder bereiteten ihm aber zugleich
eine unerwartete Demüthigung. Ein ihm persönlich
unbekannter Gymnasialprofessor Schultz hatte sich nach-
theilig über die Selecta, welcher Schopenhauer für die
deutschen Lectionen bereits angehörte, geäussert. Der
neue Selectaner vermass sich, wenn auch nur privatim,
dessen zu spotten, es wurde dem Verhöhnten hinter-
bracht, und dieser trieb die Rache so weit, dass Döring
sich veranlasst fand, dem Revolutionär den Privatunterricht zu kündigen. Schopenhauer wollte unter diesen
Umständen nicht im Gymnasium bleiben und wandte

deshalb Gotha nach einem nur halbjährigen Aufenthalt wieder den Rücken. Es war zu Ende 1807, als er nach Weimar zurückkehrte. Seine Mutter wünschte, dass er nach Altenburg gehe, wo damals Messerschmidt und Matthiä wirkten; allein er zog es vor, in Weimar, das bereits seine mächtige Anziehungskraft auch bei ihm bewährt hatte, zu bleiben und sich durch Privat-studium unter Passow's Leitung zur Universität vorzu-bereiten. Jedoch zog er nicht in die Wohnung seiner Mutter, und zwar nach deren ausgesprochenem Willen. „Es ist zu meinem Glücke nothwendig", schrieb sie ihm vor dem Ueberzuge, „zu wissen, dass du glücklich bist, aber nicht ein Zeuge davon zu sein. Ich habe dir immer gesagt, es wäre sehr schwer mit dir zu leben, und je näher ich dich betrachte, desto mehr scheint diese Schwierigkeit, für mich wenigstens, zuzunehmen. Ich verhehle es dir nicht, solange du bist, wie du bist, würde ich jedes Opfer eher bringen, als mich dazu entschliessen. Ich verkenne dein Gutes nicht, auch liegt das, was mich von dir zurückscheucht, nicht in deinem Gemüth, nicht in deinem innern, aber in deinem äussern Wesen, deinen Ansichten, deinen Urtheilen, deinen Ge-wohnheiten, kurz ich kann mit dir in nichts, was die Aussenwelt angeht, übereinstimmen; auch dein Mismuth, deine Klagen über unvermeidliche Dinge, deine finstern Gesichter, deine bizarren Urtheile, die wie Orakelsprüche von dir ausgesprochen werden, ohne dass man etwas dagegen einwenden dürfte, drücken mich und verstimmen meinen heitern Humor, ohne dass es dir etwas hilft. Dein leidiges Disputiren, deine Lamentationen über die dumme Welt und das menschliche Elend machen mir schlechte Nacht und üble Träume."

Inzwischen fasste der für das Leben mit den Menschen schon so gründlich verdorbene Jüngling seinen solitären Beruf nach dem Willen der Natur mit der ganzen Energie und Zielgewissheit seines Charakters immer fester ins Auge. Hatte er noch als gothaer Gymnasiast den jungen Weltmann herausgekehrt, sich von Hamburg eine neumodische Claque verschrieben und den Umgang der Barone und Comtessen gesucht, sodass selbst die wahrlich nicht sparsame Mutter den später so ökonomischen Haushalter zur Einschränkung ermahnen musste, so richtete sich jetzt mehr und mehr sein ungetheiltes Streben auf die Hebung des geistigen Schatzes, den er in den Tiefen seines Wesens verborgen wusste. Der Unterricht ausgezeichneter Philologen und sein eigenes Sprachgenie hatten die versäumte gelehrte Vorbildung in der kürzesten Zeit ersetzt. Unter Passow's beständiger Aufsicht — er wohnte in dessen Hause — lebte er sich mehr und mehr in das seinem Geiste wahlverwandte classische Alterthum ein. Nebenher liefen lateinische Redeübungen bei dem berühmten Latinisten Lenz, dem Director des weimarer Gymnasiums. Durch blosses Bücherstudium ergänzte er seine mathematischen und geschichtlichen Kenntnisse Mit rastlosem Fleisse, gleich als ob er für sein tägliches Brod hätte arbeiten müssen, füllte er mit Studiren und Lernen nicht nur die Tagesstunden, sondern auch die halben Nächte aus, und als er nun, mit dem einundzwanzigsten Jahre, gelockt von dem akademischen Glanze, der zu jener Zeit die Georgia Augusta noch umstrahlte, Göttingen bezog, mochten wohl wenige seiner Commilitonen an Gründlichkeit und Vielseitigkeit der Schulkenntnisse es mit ihm aufnehmen können.

Er liess sich in der medicinischen Facultät einschreiben und hörte zuerst bei Thibaut, Blumenbach, Hempel, Tobias Mayer, Stromayer, Schrader, Heeren und Lüder, naturwissenschaftliche und geschichtliche Vorträge, ging aber bald unter G. E. Schultze's Leitung zu den philosophischen über, wo er seine geistige Heimath fand. Der Verfasser des Aenesidem wurde für den Anfang seiner philosophischen Forschung von entscheidendem Einflusse, indem er ihm den Rath ertheilte, allen Fleiss fürs erste auf Platon und Kant zu verwenden und ehe diese bewältigt seien keinen andern, namentlich nicht Aristoteles und Spinoza anzusehen. So berichtet Schopenhauer selbst in seinem für die Encyklopädien bestimmten Lebensabrisse.

Es war Hoffnung vorhanden, über dieses sein göttinger biennium 1809—1811 durch Bunsen, der sich damals, als ein jüngerer Studiengenosse, innig an ihn angeschlossen hatte, biographischen Aufschluss zu erhalten. Der Tod, in den er seinem Jugendfreunde so bald nachfolgen sollte, hat dieselbe vereitelt. Aus Schopenhauer's gelegentlichen Aeusserungen erinnere ich mich nur, dass er an dem eigentlichen Studentenleben keinen Antheil genommen, sondern seinen Umgang auf einen kleinen Kreis von Tischgenossen beschränkte. Ausser mit Bunsen verkehrte er besonders intim mit einem Amerikaner, der sich der Sprache halber ihm genähert und nachmals dadurch merkwürdig wurde, dass er zu enormem Reichthume gelangte. Lächelnd erinnerte der Philosoph, als er Bunsen vor einigen Jahren nach anger Trennung wiedersah, an die so ganz entgegengesetzten Wege, nach denen die drei Freunde auseinandergegangen waren. In Bunsen hatte er dabei nur den Diplomaten vor Augen; die literarische Wirksamkeit desselben wollte ihm nicht einleuchten: zur Bibelübersetzung gehöre ein besserer Hebräer und „Gott in der Geschichte" sei doch nur Bunsen in der Geschichte.

Auch mit den übrigen nachmals berühmt gewordenen Göttingern jener Zeit, namentlich mit dem theologisch-philologischen Kreise, welchem der Dichter Ernst Schulze und Lücke angehörten, kam er in freundliche Berührung. Die Ferien wurden zu Ausflügen in den Harz und nach Weimar benutzt. Von dort besuchte er auch in Gesellschaft Falk's den Erfurter Congress, wo er in der Wohnung des Gothaschen Hofes eine Unterkunft fand und sich über die Hofdamen scandalisirte, die Napoleon vor dem Theater für ein Monstrum, nach demselben für den liebenswürdigsten Mann der Welt erklärten.

Im Herbst 1811 ging er nach Berlin. Durch Fichte's Ruf dahin gezogen, brachte er bereits zu viel Selbstgefühl und Selbständigkeit des Urtheils mit, um dem zur Sophistik ausgearteten Philosophiren dieses merkwürdigen Mannes gläubig zu folgen. Eine Zeit lang widmete er dem Verständnisse der abstrusen Vorträge über „die Thatsachen des Bewusstseins“ und die „Wissenschaftslehre“ den redlichsten Fleiss, disputirte auch mit Fichten in dessen Colloquien auf das eifrigste; bald aber wich „die Verehrung a priori“, sagt er in der erwähnten Skizze seines Lebenslaufs, „der Geringschätzung und dem Spotte“. Als schlagender Beweis der Unwissenheit Fichte's war ihm gleich in der ersten Stunde die Behauptung aufgefallen: Genie und Wahnsinn seien so wenig verwandt, dass sie vielmehr an den entgegengesetzten Enden lägen. Auch Fichte's persönliche Erscheinung, die Art seines Kathedervortrags widerstrebte ihm gänzlich. Den kleinen Mann mit dem borstigen Haarwuchs, rothen Gesicht und stechenden Blick, wie er vom Katheder herab durch hohles Pathos den Studenten imponirt habe mit Phrasen wie: „Es ist, weil es so ist, wie es ist“, wusste er nachahmend noch in spätern Jahren aufs wirksamste zu verspotten.

Wie anhaltend fleissig er übrigens war, wie redlich bemüht ein echt philosophisches Wissen zu erwerben, geht aus seinen hinterlassenen Collegienheften von 1810 und 1811 hervor. Gewissenhaft setzte er namentlich die naturwissenschaftlichen Studien fort. So hörte er u. a. Physik bei Fischer, Experimentalchemie bei Klaproth, Magnetismus- und Elektricitätslehre bei Erman, Astronomie bei Bode, Geognosie bei Weiss, allgemeine Physiologie bei Horkel, Anatomie des Gehirns bei Rosenthal, Ornithologie, Amphibiologie, Ichthyologie und Entomologie bei Lichtenstein. Beharrlich verfolgte er, unter Lehrern wie F. A. Wolf, Böckh, Bernhardi und Rühs seine Sprachstudien; vernachlässigt finden sich nur die juridischen und theologischen Disciplinen und es ist nicht zu verkennen, dass sein Denken nach diesen Richtungen hin verhältnissmässig mangelhaft ausgebildet blieb. Bei Schleiermacher hörte er Geschichte der Philosophie im Mittelalter; als aber in der Einleitung vorkam, Philosophie und Religion könnten nicht ohne einander bestehen und keiner könne Philosoph sein ohne religiös zu sein, schrieb er empört an den Rand des Heftes: „Keiner, der religiös ist, gelangt zur Philosophie: er braucht sie nicht; keiner der wirklich philosophirt, ist religiös; er geht ohne Gängelband, aber frei!" und schalt Schleiermacher einen Pfaffen. F. A. Wolf, dessen Vorlesungen er fast alle hörte und den er als Menschen wie als Akademiker hoch verehrte, spendete seinen Marginalien vollen Beifall und machte ihm Schleiermacher's Darstellung der Scholastik vollends dadurch verdächtig, dass er behauptete, derselbe habe diese schwerfälligen Herren gar nicht gelesen. Freilich, im Sinne Wolf's gewiss nicht; denn er war der Meinung, dass nur ein einziger von den Neueren diese Arbeit vollbracht hätte, nämlich Tiedemann. Erwägt man die enorme Differenz zwischen den ethischen und wissenschaftlichen Charakteren Schleiermacher's und Schopenhauer's, dazu die Verschiedenheit des erworbenen Standpunktes beider, so kann es nicht Wunder nehmen, dass der Schüler dem Lehrer fern blieb. Auch versäumte es Schopenhauer, durch den ersten Anstoss an dem Wesen eines Menschen für immer zurückgeschreckt, im persönlichen Verkehr mit dem dialektischen Virtuosen unseres Jahrhunderts — denn diese Ehre gebührt ihm, nicht dem Sophisten Hegel — sein Urtheil zu berichtigen. Uebrigens wusste er köstliche Anekdoten von ihm und wurde nicht müde den Satz desselben zu loben: auf Universitäten lerne man nur, was man später zu lernen habe. Solgern dagegen sprach er, wie Hegeln, den Geist ab und nannte ihn einen süssen Herrn, in dessen Dialogen nur eine, künstlich getheilte Person spiele.

II.

Wie er blühte.

———

Den stillen Gang seiner Bildung durchkreuzten störend die Welthändel. Politische Begeisterung war ihm fremd, und als nach dem zweifelhaften Ausgang der Schlacht bei Lützen an eine ruhige Promotion in Berlin nicht mehr zu denken war, zog er sich, die begonnene Inauguraldissertation auszuarbeiten, nach Sachsen zurück. Auf der zwölftägigen Flucht bis Dresden war er mitten in das Kriegsgetümmel gerathen und beim Heranrücken französischer Truppen von dem Bürgermeister eines Städtchens als Dolmetscher in Anspruch genommen worden, wobei ihm seine vollendete Fertigkeit im Französischen glücklich durchhalf. In der Abgeschiedenheit des friedlich ernsten Rudolstädter Thales entstand hierauf während jenes thatenreichen Sommers „die vierfache Wurzel des Satzes vom zureichenden Grunde." Der weltscheue

Denker beschränkte sich auf den Umgang mit der Natur, da die Zeit andere Gaben forderte als ihm verliehen waren. Er logirte im Gasthause zum Ritter, wo er sich mit einem horazischen Verse auf einer Fensterscheibe einschrieb, welchen vierzig Jahre später ein Anhänger noch vorgefunden und ihm ins Gedächtniss zurückgerufen hat. Nachdem er anfangs October von der philosophischen Facultät in Jena, auf Grund der eingesandten Abhandlung, in absentia promovirt worden, blieb er den Winter über in Weimar. Hier, im Hause der Mutter aber sollte er keine Heimath mehr finden; denn als er, von Berlin fliehend, bei ihr Zuflucht gesucht hatte, waren ihm häusliche Verhältnisse entgegengetreten, die ihm so sehr missfielen, dass die auf sein späteres Leben einen langen düstern Schatten werfende Entfremdung von der Mutter damals zuerst unausrottbare Wurzeln schlug. Er warf ihr vor, das Andenken seines Vaters, für den er zeitlebens voll Pietät war, nicht geehrt zu haben, glaubte auch, da sie diesen nicht geliebt habe, nicht an ihre, über den Instinkt in die Jahre seiner Selbständigkeit hinausreichende Mutterliebe. Grund oder Ungrund dieser Beschuldigungen haben wir nicht zu untersuchen; was ich von ihr weiss, spricht gegen dieselben. Aber schon die allgemeine Betrachtung der beiderseitigen Charaktere und ihrer Lebenslage führt zu der Ueberzeugung, dass beide nicht harmoniren konnten. Es lag zu Vieles zwischen ihnen. Vor allem

der auf den heterogensten Werthen beruhende Stolz
eines jeden. „Ich und' du sind zwei!" pflegte er
manchmal, aus der tiefsten Verstimmung heraus, ihr
zu sagen. Reich an Phantasie und Verstand, aber
verwöhnt und nach aussen gerichtet, dem Scheine allzu
weiblich ergeben und zur Verschwendung geneigt, brachte
sie dem unbiegsamen, misstrauischen, von Selbstgefühl
strotzenden heftigen Charakter des Jünglings kein rech-
tes Verständniss entgegen, noch wusste sie ihn irgendwie nach ihrem geselligen Hange zu verwerthen.

Als er ihr „die vierfache Wurzel" überreichte, scherzte
sie: das sei wohl etwas für Apotheker. „Man wird es
noch lesen", entgegnete er, „wann von deinen Schriften
kaum mehr ein Exemplar in einer Rumpelkammer
stecken wird!" Sie gab ihm den Spott zurück: „Von
den deinigen wird die ganze Auflage noch zu haben
sein". Fürs erste sollte sie recht behalten: die ersten
Auflagen der vierfachen Wurzel und der Welt als Wille
und Vorstellung wurden grösstentheils Makulatur; während Johanna's Schriften den besten Absatz fanden.
Den Sohn aber reizte dieser flüchtige Schritt über sein
ernstes Beginnen. Damals schon sprach er die Absicht
aus, der Philosoph des neunzehnten Jahrhunderts zu
werden; in seinem dreiundsiebenzigsten Jahre erinnerte ihn
Ottilie von Goethe daran, indem sie ihm zur dritten
Auflage seines Hauptwerks gratulirte. Er erwiderte ihr,
es sei mehr als blosse Willenskraft, es sei etwas Dämo-

nisches in ihm thätig gewesen, wie sich Goethe *) aus-
gedrückt, wenn er eine Wirkung des Individuums auf
das ganze Geschlecht habe bezeichnen wollen. Die nur
zu sehr begründete Furcht des Sohnes, dass das väterliche Vermögen in den Händen der Mutter noch ganz
zusammenschwinden und ihm damit der Boden unter
den Füssen weggezogen werden könnte, — denn zum
Erwerb fühlte er sich gänzlich unfähig — steigerte sein
Misstrauen zur Angst und führte zu so heftigen Auf-
tritten zwischen beiden, dass sie ferner nicht zusammen
leben konnten, wenn auch im Laufe der Zeit ein

-----

*) Bei Eckermann Bd. 3, S. 236: „Jede Productivität
höchster Art, jedes bedeutende Apperçü, jede Erfindung,
jeder grosse Gedanke, der Früchte bringt und Folgen hat,
steht in niemandes Gewalt und ist über alle irdische Macht
erhaben. Dergleichen hat der Mensch als unverhoffte Ge-
schenke von oben, als reine Kinder Gottes zu betrachten,
die er mit freudigem Danke zu empfangen und zu verehren
hat. Es ist dem Dämonischen verwandt, das übermäch-
tig mit ihm thut, wie es beliebt und dem er sich bewusstlos
hingibt, während er glaubt, er handle aus eigenem Antriebe.
In solchen Fällen ist der Mensch als ein Werkzeug einer
höhern Weltregierung zu betrachten, als ein würdig befun-
denes Gefäss zur Aufnahme eines göttlichen Einflusses. Ich
sage dies, indem ich erwäge, wie oft ein einziger Gedanke
ganzen Jahrhunderten eine andere Gestalt gab und wie einzelne Menschen durch das, was von ihnen ausging, ihrem
Zeitalter ein Gepräge aufdrückten, das noch in nachfolgen-
den Geschlechtern kenntlich blieb und wohlthätig fort-
wirkte.“

milderes Urtheil der besseren Einsicht folgte und die‘ zurückgedrängte mütterliche Liebe neu aufsprossen liess.

Das Zerwürfniss mit der Mutter störte leider auch sein Verhältniss zu der zehn Jahre jüngeren Schwester Adele; doch stand er derselben geistig viel näher und blieb mit ihr bis zu ihrem, ‘am hundertjährigen Geburtstage Goethe’s erfolgten Tode in brieflichem Verkehr. Im Aeussern hatte Adele wenig Aehnlichkeit mit Mutter und Bruder. Sie war hoch und schmalschulterig gewachsen, hatte stark vortretende blaue Augen, volles weiches braunes Haar und glänzend weisse, hinter der kurzen Oberlippe leicht sichtbare Zähne. Sie besass eine ungemein seelenvolle weiche Stimme und entzückte in der Jugend durch ihren Liedervortrag. Sie war einer von Goethe’s besondern Lieblingen und mit seiner Schwiegertochter innig befreundet. Ihre vielseitigen Talente fanden von Kindheit auf die reichste Nahrung. Sie war geistvoll, schrieb vortrefflich, zeichnete, malte und schnitzte. Sie bildete den angeborenen Kunstsinn unter Goethe’s eifriger Leitung und im Verkehr mit den Koryphäen der neudeutschen Kunst bis zu einer hohen Stufe aus. Ihre Urtheilskraft schätzte Goethe so hoch, dass er sich über Bücher aller Art, die ihm zugeschickt waren, von ihr Bericht erstatten liess. Alle diese ihre geistigen Vorzüge wurden aber von jener unverwelklichen Schönheit eines wahrhaft hochgeborenen Charakters überstrahlt, die Freud’ und Leid eines vielbewegten Lebens zuletzt mit überirdischem Frieden verklärte. In den Tagen des Glücks hatte ihr edler Stolz es verschmäht, in eine oder die andere sie nicht befriedigende Ehe zu treten, wozu ihr mehr als eine Gelegenheit geboten war; aber auch nachdem sie Vermögen und Gesundheit verloren hatte, blieb ihr die Liebe Aller, die sie kannten, und sie trug den Schmerz eines unbefriedigten Lebens mit dem schweigenden Heroismus, dessen nur die edelste Weiblichkeit fähig ist. Ihre Bildung war, wie die geistige Atmosphäre, in der sie gross geworden, eine classisch humane, ebenso frei von allem nationalen, religiösen und socialen Vorurtheilen, als rein und durch sittliche Schönheit geadelt. Sie hing besonders in jüngeren Jahren mit inniger Liebe an dem Bruder und ihre Schuld war es nicht, wenn seine Misanthropie auch sie nicht verschonte. Doch erhob er sie, wenn er sie einmal verdammt hatte, das andere mal wieder in den Himmel und eine völlige Entfremdung liess die edle Natur beider nicht aufkommen.

Bei diesem unläugbaren Anstoss an dem Leben unseres Philosophen müssen wir uns also, abgesehen von seinem Charakter, der eine tiefere Prüfung erheischt, daran erinnern, wie die auf ihren Höhepunkt gesteigerte einseitig ästhetische Existenz jener Kreise, in denen er zum Manne heranwuchs, seinem Geiste eine ebenbürtige Concurrenz am Theetische zu bieten wagte, mit der er sich auf keine Weise zurechtsetzen konnte. Dass eine Frau von dem Verstande Johanna Schopenhauer's im Gepränge mit dem Flitterglanze des Almanachesprit den ausserordentlichen Werth ihres Sohnes so weit unterschätzen und dessen empfindliches Ehrgefühl von sich abstossen konnte, erklärt sich eben nur aus jener Zeit, aus jenem mit literarischer Bildung übersättigten Kreise. Und doch glänzte nur einer neben dem jungen Genie, der es verdunkeln durfte wie die mit Lichteffecten bunter Art sich neigende Sonne den aufgehenden Abendstern, einer, dem er sich rückhaltlos hingab, ja von dem er oft bekannte, dass er ihn zum zweiten mal erzogen habe. Wenn Goethe den Salon der Hofräthin betrat, dann hatte der Sohn weder Auge noch Ohr für die Andern. Der Dichter war damals in seiner verschlossensten Periode; nur die Farbenlehre, wegen deren Verkennung er grollte, vermochte ihm den fast vierzig Jahre jüngern und, wie er in den Tages- und Jahresheften selbst sagt, „schwer zu erkennenden" jungen Mann näher zu bringen. Er hatte die vierfache Wurzel · des Satzes vom zureichenden Grunde gelesen, und, erstaunt und erfreut einen Selbstdenker ohne Vorurtheil zu begegnen, nahm er dessen Interesse sogleich für sein missachtetes Schooskind in Beschlag. Er schickte ihm seinen optischen Apparat und seine Instrumente ins Haus und Schopenhauer liess sich keine Mühe verdriessen, blieb länger als seine Absicht gewesen in

Weimar und studirte unter Goethe's beständiger Anleitung Optik. Wenn je, so war hier der Schüler des Lehrers werth. Das aufkeimende Genie des Philosophen ordnete sich anfangs willig unter. Seit Goethe's erster Begegnung wusste er, dass dessen vornehmstes Gebot war: „Du sollst keine andern Götter haben neben mir". Die Wahrheit aber — jene eine und einzige, auf die er es allein abgesehen hatte und von der er überzeugt -war, dass sie sich von jedem Punkte aus finden lasse — galt ihm viel zu viel, als dass ihn selbst ein so mächtiger Geist aus der Bahn, die ihm die Natur vorgezeichnet, hätte ablenken können. In der Stille liess er sich von ihm befruchten und setzte die lebendigen Keime nachher ausgetragener Ideen im ernsten Ringen mit dem undankbarsten Stoffe an. Dass Goethe die Entstehung der sogenannten physischen Farben richtig erkläre, war ihm bald zur Gewissheit geworden, aber ebenso auch, dass dessen Lehre die Stelle einer allgemeinen optischen Theorie, die weder physisch noch chemisch, sondern physiologisch erfasst werden müsse, nicht vertreten könne.

Ausser Schiller wüsste ich keinen zu nennen, an dem Goethe's Genius in diesem Grade fruchtbar geworden wäre. Mitten unter den Spielen der Laune und des Witzes, die sich in jenen kunstsinnigen und kunstseligen Dilletantenkreisen um den Abend des reichen Dichterlebens wie leichte Blumenkränze wanden, verfolgte der Jüngling seinen grossen Zweck. An dem Abend, an dem ihm Goethe seine Gnade zuerst zuwandte, spielte ein Liebhabertheater von jungen Mädchen in dem Hause seiner Mutter, und Adele prangte in Goethe's weissem Brocatrock, der zuerst bei der Promotion in Strasburg fungirt hatte. Damals fand sich ein inniges Verständniss zwischen beiden Männern und Goethe lud ihn ein, den nächsten Abend allein bei ihm zuzubringen, da er doch „Die Räuber", die man gab, nicht werde sehen wollen. Damals empfing Schopenhauer den vollen Eindruck von Goethe's Grösse, an dem er durch sein ganzes Leben hindurch mit der höchsten Bewunderung festgehalten. Auch blieb der Gewinn wesentlich auf seiner Seite; Goethe, im Speculiren von Jugend auf mässig, war zu alt, in seiner Bildung zu fertig, um neue philosophische Gedankenkreise in sich aufzunehmen, und als ihm sein junger Freund sechs Jahre später die Antwort auf seine inhaltsschwere Frage: „Ob nicht Natur zuletzt sich doch ergründe?" *) erwartungsvoll zusandte, interessirte er sich zwar lebhaft dafür, ging ihm aber nachher nicht weiter darauf ein und scheint das anfangs mit Eifer ergriffene Werk nicht durchstudirt zu haben; wenigstens hatte ihn Schopenhauer in diesem Verdachte. Bescheidenheit

---

*) Aus Goethe's Gedicht zum Jubiläum des Geheimeraths Voigt, das zuerst in der Jenaischen Literaturzeitung 1816 erschien. Werke VI, 88.

konnte das junge Genie von dem alten nicht lernen, und so trug er ihm dieses Vergehen, ohne sich darüber auszusprechen, zeitlebens nach. Er sah in Goethe den vollkommenen Menschen und konnte sich nicht in die Entdeckung finden, dass auch dieser Saiten hatte, die keinen Ton gaben. Goethe war sich seiner Stellung zu ihm und zur Philosophie klar bewusst. So gab er in der Zeit, als Schopenhauer's optische Theorie gedruckt vor ihm lag, gelegentlich ein sehr bezeichnendes Urtheil ab: „Dr. Schopenhauer ist ein bedeutender Kopf, den ich selbst veranlasste, weil er eine Zeit lang sich in Weimar aufhielt, meine Farbenlehre zu ergreifen, damit wir in unsern Unterredungen irgend einen quasirealen Grund und Gegenstand hätten, worüber wir uns besprächen, da ich in der intellectuellen Welt ohne eine solche Vermittlung gar nicht wandeln kann, es müsste denn auf poetischem Wege sein, wo es sich ohnehin von selbst gibt. Nun ist dieser junge Mann, von meinem Standpunkte ausgehend, mein· Gegner geworden. Zur Mittelstimmung dieser Differenz habe ich auch wohl die Formel, doch bleiben dergleichen Dinge immer schwer zu entwickeln." *) So mag es ihm denn auch zu schwer gefallen sein, die Mittelstimmung zur Welt als Wille und Vorstellung aus seinem poetischen Formelschatz herauszufinden. Indessen konnte

---

*) Briefwechsel mit Staatsrath Schulz, S. 149.

doch Adele dem Bruder nach Neapel berichten: „Goethe empfing dein Werk mit grosser Freude, zerschnitt gleich das ganze dicke Buch in zwei Theile und fing augenblicklich an darin zu lesen. Nach einer Stunde sandte er mir beiliegenden Zettel und liess sagen, er danke dir sehr und glaube, dass das ganze Buch gut sei: weil er immer das Glück habe, in Büchern die bedeutendsten Stellen aufzuschlagen, so habe er denn die bezeichneten Seiten *) gelesen und grosse Freude daran gehabt; bald gedenkt er dir weitläufiger [seine Herzensmeinung zu schreiben; bis dahin solle ich dir dies melden. Wenige Tage darauf, sagte mir Ottilie, der Vater sitze über dem Buche und lese es mit einem Eifer, wie sie noch nie an ihm gesehen. Er äusserte gegen sie: auf ein ganzes Jahr habe er nun eine Freude, denn nun lese er es von Anfang bis zu Ende und denke wohl, soviel Zeit dazu zu bedürfen. Dann sprach er mit mir und meinte, es sei ihm eine grosse Freude, dass du noch so an ihm hingest, da ihr euch doch eigentlich über die Farbenlehre veruneinigt hättet, indem dein Weg von dem seinigen abginge. In deinem Buche gefalle ihm vorzüglich die Klarheit der Darstellung, der Schreibart, obschon deine Sprache von der der Andern abwiche und man sich erst gewöhnen

---

*) S. 320 und 440 der ersten, 251 und 344 der zweiten, 261 und 360 der dritten Auflage.

müsse, die Dinge so zu nennen wie du es verlangst. Habe man aber einmal diesen Vortheil erlangt und wisse, dass Pferd nicht Pferd, sondern cavallo, und Gott etwa Dio oder anders heisse, dann lese man bequem und leicht. Auch gefalle ihm die ganze Eintheilung gar wohl — nur liess ihm das ungraziöse Format keine Ruhe und bildete er sich glücklich ein, das Werk bestehe aus zwei Theilen. Nächstens hoffe ich ihn wieder allein zu sprechen und vielleicht äussert er etwas befriedigenderes. Wenigstens bist du der einzige Autor, den Goethe auf diese Weise, mit diesem Ernste liest." Allein, wie gesagt, das Buch scheint ihm schliesslich doch zu dick gewesen zu sein; sein philosophisches Interesse war wieder einmal mächtig angeregt, aber die Zeit, in der er sich mit Spinoza gequält, einer Wiederholung nicht mehr fähig.

Nächst Goethe wurde ihm Fr. Majer, der ihn in das indische Alterthum einführte, von bleibendem Gewinn; persönlich angezogen aber fühlte er sich nur von Einer Person ausser Goethen, von der Schauspielerin Jagemann. Dieses Weib, gestand er einst seiner Mutter, in deren Kreis der gefeierte Liebling Karl August's nicht fehlen durfte, würde ich heimführen und wenn ich sie Steine klopfend an der Landstrasse fände. Und doch war sie nicht nach dem Muster geschaffen, das ihn leicht in Flammen setzte: sie war, wie er selbst, untersetzt und blond; während ihm sonst, vermöge des Gegensatzes, nur die schlanken Brünetten gefährlich wurden; aber ihr herrliches Profil und die antike Grazie ihrer ganzen Erscheinung waren ihm unwiderstehlich.

Alles was ihn wirklich ergriff, verfolgte er mit einer tiefeindringenden Leidenschaft. So war er nach der Aufführung von Calderon's standhaftem Prinzen in solchem Grade erschüttert, dass er die gewohnte Gesellschaft bei seiner Mutter verlassen und die Einsamkeit aufsuchen musste. So vielseitig ihn indessen das Leben in Weimar anregte, so sehr zerstreute es ihn auch und lenkte ihn unwillkürlich von seinem Wege ab. Wie dieser beschaffen sei, war ihm längst bewusst. „Die Philosophie", heisst es in einem Briefe aus Göttingen, „ist eine Alpenstrasse, zu der nur ein steiler Pfad über Steine und Dornen führt. Immer einsamer, immer öder wird er, je höher man kommt, und wer ihn geht, darf kein Grausen kennen, sondern muss alles hinter sich lassen und sich zuletzt den Weg im Schnee selbst bahnen. Oft steht er plötzlich am Abhang und sieht unten das grüne Thal: dahin zieht ihn der Schwindel gewaltsam hinab; aber er muss sich halten. Dafür sieht er bald die Welt tief unter sich, ihre Wüsten und Moräste verschwinden, ihre Unebenheiten gleichen sich aus, ihre Misstöne dringen nicht hinauf, ihre Ründung offenbart sich: er steht in reiner kühler Luft und sieht schon die Sonne, wenn unten noch schwarze

Nacht liegt“. Und welcher der feste Kern dieses himm-
lischen Lichtes, um das er die Welt willig preisgab,
sei, hatte er schon als Jüngling erkannt: „Einen Trost
gibt es, eine sichere Hoffnung, und diese erhalten wir
vom moralischen Gefühl. Wenn es so deutlich zu
uns redet, wenn wir im Innern einen so starken Be-
wegungsgrund auch zur grössten, unserm scheinbaren
Wohl ganz widersprechenden Aufopferung fühlen: so
sehen wir lebhaft ein, dass ein anderes Wohl unser
ist, demgemäss wir so allen irdischen Gründen ent-
gegenhandeln sollen; dass die schwere Pflicht auf ein
hohes Glück deutet, dem sie entspricht; dass die
Stimme, die wir im Dunkeln hören, aus einem
hellen Orte kommt.“

Im Frühjahr 1814 zog er sich daher nach dem
ihm von der grossen Reise mit den Aeltern in gutem
Andenken gebliebenen Dresden zurück. Schon trug
er damals die Bausteine seines Systems mit sich herum.
Ueber seine erste Schrift wurden jetzt Urtheile laut, die
von einer Aufmerksamkeit zeugten, welche Disserta-
tionen selten zu theil wird. G. E. Schulze besprach
sie lobend in den Göttinger Anzeigen vom 13. April
1814; noch eingehendere Recensionen brachten die
Marburger theologischen Annalen im Juni und die Je-
naische Literaturzeitung im Juli desselben Jahres. Wären
seine spätern Schriften bei ihrem Erscheinen in gleichem

Verhältnisse beachtet worden, er würde ohne Zweifel viel früher durchgedrungen sein.

In die vier Jahre seines ersten dresdener Aufenthalts drängen sich Entwurf und Ausführung der Welt als Wille und Vorstellung und damit der Hauptinhalt seines Lebens zusammen. Obwohl die angeborene Aristokratie seines Charakters auch hier seinen Umgang sehr beschränkte, so lebte er doch nicht eingezogen, sondern verkehrte mit den Zeitgenossen und wusste seine ihr Recht fordernde Jugend, so weit es der höhere Zweck, die souveraine Macht seiner Bestimmung zuliess, als Mann von Welt zu geniessen. Diesen seinen äusseren Lebenslauf ins Einzelne zu verfolgen, ist jedoch nicht meine Absicht; auch bietet ein Privatmann vom reinsten Wasser, wie Schopenhauer, der sich scheute, die Gleise des öffentlichen Lebens auch nur mit der Fussspitze zu berühren, dazu keinen genügenden Stoff und jede Ausbeutung seines Lebens in dieser Richtung wäre seinem Sinne zuwider. Er wies das ihm in den letzten Jahren von vielen Seiten gemachte Anerbieten, seine Memoiren zu schreiben, entschieden zurück; denn er wollte sich nicht zur Schau stellen, noch dem Neide und der Gemeinheit willkommenen Anhalt, ihn herabzuziehen, bieten. Rousseau's Confessionen fand er nicht nachahmungswürdig. Noch bis vor sein Ende hatte ihm die grasse Indiscretion unserer bis zur Zügellosigkeit demokratisirten Literatur abschreckende Warnungen entgegengehalten. Er bereute es deshalb immer, wenn er einem Literaten gegenüber einmal mittheilsam über seine Vergangenheit gewesen war, und sprach sich heftig über die stets mehr einreissende Unsitte der Deutschen aus, in Ermangelung eines wirklichen öffentlichen Lebens das Privatleben in die Oeffentlichkeit zu ziehen.

Der Antheil, den er an dem dresdener Schriftstellerleben jener Zeit nahm, war ganz eigenthümlich. Ungeachtet des beissenden Spottes und der stolzen Ueberhebung, wozu ihn seine Ueberlegenheit häufig fortriss, war er beliebt und geachtet. Die tiefinnerliche Redlichkeit seines ganzen, jeder gemeinen Absicht, jedem äussern Vortheil fremden Wesens lehrte leicht die verletzende Seite desselben übersehen und verzeihen. Mit beschränkten und hartköpfigen Naturen dagegen, wie sie leider gewöhnlich die Mehrzahl bilden, war sein Verkehr bald abgebrochen. Näher stand ihm der geistvolle J. G. von Quandt, der ihm bis zu seinem Ende treu ergeben blieb; obwohl Schopenhauer's Sarkasmen ihn so wenig verschonten, dass der liebenswürdige Dilletant bei Besprechung des Systems seines Freundes nach vielen Jahren ihm scherzend ins Gedächtniss rief, wie dieser von jeher auf sein Urtheil nicht viel gehalten und ihn immer, wenn er einen leidlich gescheiden Einfall gehabt, gefragt habe, wo er es gelesen, als wenn er seine Gedanken im Kehricht der Literatur aufläse. Mit Tieck stand er längere Zeit in freundschaftlichem Verkehr; aber ein Ausfall gegen Friedrich Schlegel beleidigte dessen Jugendfreund so, dass sie sich völlig überwarfen. Ein sonderbares Spiel des Zufalls wollte, dass unser Philosoph in Dresden mit den drei berühmtesten deutschen Romanschreibern jener Tage befreundet wurde: es waren dies Karl Heun, der damals als Commissär der preussischen Regierung bei der Ausgleichungscommission der sächsischen Angelegenheiten thätig war, Friedrich August Schulze (Fr. Laun) und Gustav Schilling. Alle drei waren viel älter als Schopenhauer, gute Menschen und vortreffliche Gesellschafter, weshalb man zur Erklärung dieser Freundschaft nicht nöthig hat zur sublimen Auffindung eines criticus viridis nec non laureatus, dass Schopenhauer selbst ein Belletrist gewesen sei, seine Zuflucht zu nehmen. Schulze half ihm aus einer galanten Affaire, deren er nachmals als eines seltenen Beispiels gedachte, dass bei der Einen Angelegenheit vier durchaus ehrliche Menschen concurrirt hätten. Schilling's Erzählungen fand er wegen ihres unerschöpflichen Humors so vortrefflich, dass er bedauerte, sie über ungleich schlechtern Productionen der späteren Zeit in Vergessenheit gerathen zu sehen.

Dass er die Schätze der dresdener Gallerie und Bibliothek zu seinem umfassenden Zwecke vielfältig benutzte, dass ihn die reizende Umgebung des deutschen Florenz oft ins Freie lockte, bedarf nicht der Erwähnung. Von Jugend auf überliess er sich gern dem einsamen Verkehr mit der Natur und je älter er wurde, desto unentbehrlicher ward ihm derselbe. An den Ufern der Elbe wandelnd, sammelte er seine besten Gedanken, die er oft mit einem einzigen Stichwort in der Brieftasche fixirte, um alsdann, in jenem heftigen Schritt, der ihn, noch im Greisenalter, schon aus der Ferne erkennen liess, nach der einsamen Werkstätte zurückzueilen.

Nachdem er Goethen durch das Resultat seiner optischen Studien *) gerecht geworden, wandte er sich mit täglich wachsender Begeisterung zur Entwicklung seines Systems, dessen Elemente in dieser Zeit „gewissermassen ohne sein Zuthun strahlenweise wie ein Kristall zu einem Centrum convergirend zusammenschossen". Zum Verständnisse der Entstehung der Welt als Wille und Vorstellung ist die mündliche Aeusserung ihres Urhebers wichtig: dass ausser Kant, dessen Philosophie er nur ausgedacht zu haben erklärte, in seiner intellectuellen Entwickelung besonders Helvetius und Cabanis Epoche gemacht Beide nämlich öffneten ihm die Augen über die secundäre Natur des Intellects, deren speculative Begründung ihm, zumal der Modephilosophie seiner Zeit gegenüber, zum unvergänglichen

---

*) Ueber das Sehen und die Farben. Leipzig 1816; zweite Auflage 1854.

Ruhme gereicht und die er selbst als den Brennpunkt und das wesentliche Verdienst seiner Lehre urgirt. Anders freilich als unter den Händen der beiden berühmten französichen Sensualisten gestaltete sich diese Erkenntniss in dem Kopfe des deutschen Denkers, den die Nachwelt ganz gewiss, und mit Recht, als den Entdecker derselben betrachten wird. Dass auch Chateaubriand, dessen Ruhm zu Anfang des Jahrhunderts, als Schopenhauer mit seinen Aeltern in Frankreich reiste, seinen Gipfel erreichte, schon frühe auf die Richtung seines Geistes Einfluss geübt habe, ist kaum zu bezweifeln; obwohl ich kein directes Zeugniss dafür geltend machen kann. Der poetische Pessimismus Chateaubriand's und Lord Byron's mit dem philosophischen Schopenhauer's in Verbindung gesetzt, bilden in der That eine seltsame Ouvertüre für die handlungsreiche Oper unseres Jahrhunderts!

Des grossen Deficits im Kant'schen Geiste war er sich schon als Student bewusst geworden und glaubte dasselbe auf einen gänzlichen Mangel an Contemplation zurückführen zu müssen. „Wäre nicht“, sagte er damals, „mit Kant zu gleicher Zeit Goethe der Welt gesandt, gleichsam um ihm das Gegengewicht im Zeitgeiste zu halten, so hätte jener auf dem Gemüthe wie ein Alp gelegen und es unter grosser Quaal niedergedrückt. Jetzt aber wirken beide aus entgegengesetzten Richtungen unendlich wohlthätig und werden den deutschen Geist vielleicht zu einer Höhe heben, die selbst das Alterthum übersteigt." Hier haben wir den Punkt, wo sein eigenes System mit dem zwiefachen Faden einschlägt: die Ergänzung des ethischen Realismus Kant's zu dem physischen der Sensualisten nicht nur, sondern auch zu dem ästhetischen Goethe's, durch die Verkörperung des kategorischen Imperativs und der platonischen Ideen im Willen, dessen Wesen gleichwohl die idealistische Grundansicht beider in sich einschliesst. Dies war seine Aufgabe.

Er trug das ungetrübte volle Bewusstsein seiner genialen Kraft von Anfang an in das merkwürdige Buch hinein. So etwas, sagte er als Greis, könne man nur in der Jugend und nur mit Eingebung schreiben; jetzt staune er sein Werk, besonders das vierte Buch wie das eines ganz anderen Menschen an. Es war im Frühling 1818, als er mit diesem beschäftigt aus der mit einem Blüthenmeer bedeckten Orangerie des Zwingers ganz berauscht, heimkehrend, von seiner Hauswirthin, die eine Blüthe an seinem Rocke erblickte, mit den Worten empfangen wurde: „Sie blühen Herr Doctor!" „Ja", sagte er, „und wenn die Bäume nicht blühen, wie sollten sie Früchte tragen!"

Bald darauf kam das vollendete Werk in die Hände seines Verlegers Friedrich Arnold Brockhaus, der ihm bereitwillig auf sein Anerbieten einging und einen Dukaten Honorar für den Druckbogen zahlte. Das Werk

erschien im November 1818. Ohne den Druck abzu-
warten eilte er nach Italien, wohin ihm die Revisions-
bogen nachgesendet wurden.

Das stolze Gefühl, der Welt seine Schuld abgetragen
zu haben, begleitete ihn über die Alpen. Gleich seinem
grossen Vorbilde Goethe brachte er die gediegenste
Vorbereitung zum Genusse des classischen Bodens mit.
Damals schämte man sich in Deutschland noch, diesen
unwissend zu betreten, eine Schüchternheit, welche die
Kraft des Dampfes längst überwunden hat. Noch nicht
im Besitze der neuesten, an sich gewiss erfreulichen,
aber sehr problematischen Entdeckung einer in Turin
sesshaften unita italiana, stiess man überall auf andere
Elemente, deren jedem ein besonderes Verständniss
entgegengebracht werden musste. Die Herrschaft über
ihre besondere Mundart ist bekanntlich der Schlüssel
zu dem Herzen der Italiener; ihm sollte sie dort auch
die besten Fremdenkreise öffnen, denen er mit seinen
Sprachkenntnissen in mancher Lage ganz unentbehrlich
wurde. In Rom, wo er vier Monate blieb, und in
Neapel verkehrte er besonders viel mit jungen Engländern. Als erregendes Centrum eines bald grössern,
bald kleineren Kreises, nahm er auch theil an allen
Excentricitäten desselben. Hier sehen wir den „misan-
thropischen Weisen" in einer andern Gestalt, als der
landläufigen des deutschen Stubengelehrten. Welch ein
Gegensatz gegen die Jugend Hegel's und so manches

andern aus dem „Volk von Denkern!" Wer läse es auch nicht aus seinen Büchern heraus, was die Revue comtemporaine von ihm sagt: Il n'est pas un philosophe comme les autres; c'est un philosophe qui a vu le monde! Von diesem seinem Treiben im Lande der Schönheit konnte er mit Ernst Schulze sagen:

> Wahrlich ich habe gelebt! nicht reut mich die fröhliche
> Wildheit;
> Fest an die feurige Brust drückt' ich das blühende
> Sein!

Auch sah er stets mit einer gewissen Befriedigung auf dasselbe zurück, so weit ihm eine solche in der Bejahung des Willens überhaupt denkbar war. Noch im späten Alter überkam ihn eine weiche Stimmung, wenn er von Venedig sprach, wo die Zauberarme der Liebe ihn lange umstrickt hielten, bis die innere Stimme ihm gebot sich loszureissen und seinen Weg allein weiter zu wandeln. Dort traf er auch mit dem andern berühmten Pessimisten unserer Zeit, Lord Byron zusammen, der es bekanntlich dort ebenso machte, aber mit seinem grossen Gewährsmann nicht in persönliche Berührung kam. Auch den melancholischen Grafen Leopardi, dessen Schriften nachmals eine Lieblingslectüre Schopenhauer's wurden, lernte dieser nicht persönlich kennen. So gingen damals, wie so oft, drei congeniale Geister in nahen Bahnen fremd aneinander vorüber.

Das Studium der Italiener verfolgte er eifrig. Sein

Lieblingsdichter, dessen Geist ihm Fernow zuerst erschlossen hatte, blieb merkwürdigerweise Petrarca. Die Lehrhaftigkeit Dante's war nicht nach seinem poetischen Geschmacke. Ariost und Boccaccio fand er nur amüsant und der weltgeschichtliche Ruhm des letztern war für ihn immer ein Anstoss. Tasso und Alfieri gestand er nur untergeordneten Werth zu. Im Gebiete der Kunst wandte er seine Aufmerksamkeit vorzugsweise der antiken Plastik und Architektur zu. Für die Malerei besass er einen weniger scharfen Sinn als seine tiefeingehenden Untersuchungen über die Farben vielleicht voraussetzen lassen. Ueberhaupt war sein ästhetisches Gefühl technisch nicht in dem Maasse begabt, wie es viele seiner Leser vermuthen. Die Schwerkraft seines Geistes lag so ganz auf einer andern Seite, dass es vielmehr zu bewundern ist, wenn er auch nur in einzelnen Gebieten der Aesthetik — abgesehen von dem der Philosophie näher verwandten poetischen — Talent des Sinnes verräth. Die reichen Anschauungen, die ihm sein Leben bot, darf man hierbei nicht in Betracht ziehen; denn was nicht in dem Menschen liegt, kommt nie durch Anschauen in ihn hinein. Leben doch Unzählige inmitten der grössten Kunstwerke und bleiben stumpf, wie sie geboren sind. Das Talent dagegen, im elendsten Dorfe vergraben, trägt die Welt von Schönheit, die es erfüllt, auch ungeweckt in sich.

Doch versäumte er keine Gelegenheit, das Bedeutende

nach allen Richtungen menschlicher Thätigkeit aus eigener Anschauung kennen zu lernen. Seine Vorliebe für Rossini stammt gleichfalls aus Italien, wo er mit der italienischen Oper auf jene leichte Art bekannt wurde, die durch unausgesetzte Wiederholungen auch den Laien allmählich ein Urtheil gewinnen lässt.

Mitten in diese sorglose Heiterkeit seiner ersten italienischen Reise fiel die Unglückspost von dem Sturze des danziger Handlungshauses, dem seine Mutter den grössten Theil ihres Vermögens ohne Sicherheit anvertraut hatte. Sie und ihre Tochter gingen aus diesem Bankerott fast verarmt hervor; ihn selbst bewahrte zeitiges Mistrauen und energisches Auftreten vor empfindlicherem Verluste. Aber der Unfall rief ihn früher in die Heimath zurück, als seinem Plane entsprach und die Möglichkeit in eine des Erwerbs bedürftige Lage zu kommen, drängte den immer das schlimmste fürchtenden Mann zum Eintritt ins praktische Leben. Sein innerer Beruf und seine Neigung gingen aufs Dociren; was konnte ein von der Natur so theoretisch angelegter Mensch anderes thun?

Drei Universitäten fasste er dabei ins Auge: Heidelberg, Göttingen und Berlin, und schrieb deshalb an seine Freunde F. A. Ewald, Blumenbach und Lichtenstein, indem er „quoad politica" das damals wichtige Prädicat hervorhob, dass er sich einzig und allein auf den Vortrag der speculativen Philosophie beschränken werde und von nichts weiter entfernt sei, als jemals irgendwie einen Einfluss auf die politischen Meinungen der Zeit gewinnen zu wollen. Was ihn von jeher beschäftigt habe und ihn, wie er von Natur sei, allein beschäftigen könne, seien Dinge, welche die Menschheit zu allen Zeiten und in allen Ländern auf gleiche Weise betreffen, und er würde es für eine Herabwürdigung seiner selbst halten, wenn er die ernstliche Anwendung seiner Geisteskräfte auf eine ihm so klein und eng erscheinende Sphäre richten sollte, als die eben gegenwärtigen Umstände irgend einer bestimmten Zeit oder Landes seien; ja er sei sogar der Meinung, dass jeder Gelehrte im höhern Sinn des Worts dieser Gesinnung sein und das Ausbessern der Staatsmaschine den Staatsmännern überlassen sollte, wie diese ihm das höhere und vollkommenere Wissen. Ganz ausserordentlich gering denke er von jenen soit disant Philosophen, die zu Publicisten geworden seien und die eben dadurch, dass sie unmittelbar in und auf ihre Zeitgenossen eine Wirkungssphäre suchten, das deutlichste Bekenntniss ablegten, keine Zeile schreiben zu können, die einst auch ein Nachkomme zu lesen würdigte.

Von der Wahl Heidelbergs rieth ihm seine Schwester der unerquicklichen geselligen Verhältnisse wegen ab. Also schon damals! In Göttingen konnte ihm sein berühmter Lehrer und väterlicher Freund zwar herzliche collegialische Aufnahme, aber keine Zuhörer versprechen. Er entschied sich also endlich im Frühling 1820 für Berlin. Dort, wenn irgendwo, hoffte er ein akademisches Publikum zu finden, wie es seinen Vorträgen angemessen sei, nämlich ein schon reiferes und gebildetes, das dort seine akademische Ausbildung zu vollenden pflegt, nachdem es auf kleinern Universitäten den Grund gelegt. Dort versprach er sich von seinem allgemein interessanten Lehrstoffe und lebendigen, eindringlichen mündlichen Vortrage auch Zuhörer ausserhalb der akademischen Körperschaft. Insgeheim gab er sich der Hoffnung hin, infolge einer baldigen Berufung den durch Solger's Tod damals leer gewordenen philosophischen Lehrstuhl einnehmen zu können.

Die Zeit, in der „die Welt als Wille und Vorstellung" Aufmerksamkeit in seinem Vaterlande erregt haben könnte war um, als er den öffentlichen Lehrstuhl bestieg. Dass sein Werk ganz ohne Anerkennung geblieben sei, kann man nicht sagen. Abgesehen von einer oberflächlichen Anzeige im neuen literarischen Wochenblatt Kotzebou's (1819) und einer von Schopenhauer mit Verachtung zurückgewiesenen, „erlogener Citate" geziehenen Recension F. E. Benecke's in der Jenaischen Literaturzeitung (1820) zollten ihm zwei deutsche Schriftsteller ersten Ranges, jeder in seiner Weise, den schuldigen Tribut. Im dritten Stück des Hermes war Herbart's eingehende, trotz der diametralen· Divergenz seiner eigenen Lehre und des daraus fliessenden schneidenden Widerspruchs, für die Eminenz der Leistung keineswegs blinde. unsern Autor mit Fichte und Schelling auf eine Linie stellende Recension erschienen, und Jean Paul folgte später mit der kurzen, aber vollstimmigen Dithyrambe: „Ein genial philosophisches kühnes, vielseitiges Werk, voll Scharfsinn und Tiefsinn, aber mit einer oft trost- und bodenlosen Tiefe — vergleichbar dem melancholischen See in Norwegen, auf dem man in seiner finstern Ringmauer von steilen Felsen nie die Sonne, sondern in der Tiefe nur den gestirnten Taghimmel erblickt und über welchen kein Vogel und keine Woge zieht."

Aber war dies der Mann, der auf dem philosophischen Katheder einer deutschen Universität seiner Zeit Erfolg erwarten durfte? Er selbst rühmte von sich, dass er einen ausgezeichneten Lehrvortrag besessen habe, und ich habe wahrlich keinen Grund dies zu bezweifeln; denn seine Rede floss bis in sein spätes Alter hinein leicht, klar und gefällig, auch hatte er den wahren Begriff des akademischen Lehrers und brachte wirklichen innern Beruf dazu mit — nannte er sich doch, als Greis, scherzend den doyen der deutschen Universitäten, in demselben Athem, der die „Philosophieprofessoren" mit der schärfsten Lauche seines Spottes übergoss. Aber wenn wir den Inhalt seiner Lehre betrachten, so werden wir sagen müssen, dass er so wenig öffentlich lehren konnte wie Spinoza. Dazu kam der zu Anfang der zwanziger Jahre merklich gesunkene philosophische Wärmegrad seines Ortes und die für den Anfänger so überaus missliche Concurrenz Hegel's und Schleiermacher's, die beide, von dem entgegengesetzten Ende ausgegangen, bereits das ganze Terrain der höhern wissenschaftlichen Interessen ihrer Tage erobert hatten. Nebenher ging die zähe Mittelmässigkeit genieloser Zunftgenossen, die ihn nicht allein ignorirten, sondern auch instinktmässig anfeindeten und mit giftigen Seitenhieben zu treffen suchten, wie er dies namentlich Benecke vorwarf.

Gleich in seiner lateinisch gehaltenen Probevorlesung sagte er: Bald nach Kant und dem durch ihn für die Philosophie wachgerufenen echten Eifer seien Sophisten aufgetreten, die, invita Minerva, mit grossem Geräusch und in barbarischer dunkeler Rede zuerst die Denkkraft ihrer Zeit ermüdet, dann von dem Studium der Philosophie abgeschreckt und diese in Misscredit gebracht hätten. Es sei indessen nicht zu befürchten, dass nicht wiederum ein Rächer erstehe, der mit besserer Kraft ausgerüstet, die Philosophie in alle ihre Ehren restituire. Die Zeit dieses seines Rächeramts war noch lange nicht gekommen; vielmehr folgte nach Hegel's Tode erst die eigentliche Blüthezeit unserer modernen Sophistik, in welcher diese zur Staats- und Nationalangelegenheit heranwuchs und damit zugleich für jene vernichtenden Philippiken reif wurde, die

Schopenhauer in seinen spätern Schriften, besonders 1840 in der Vorrede zu den beiden Grundproblemen der Ethik, dann 1850 in den Parergen, im Kapitel „Ueber die Universitätsphilosophie" und 1854 in der Vorrede zur zweiten Auflage der Schrift „Ueber den Willen in der Natur" wider sie geschleudert. Wie sehr es ihm aber mit seinem akademischen Lehramt Ernst gewesen, beweisen die hinterlassenen umfangreichen Manuscripte seiner vollständig ausgearbeiteten Vorlesungen über die Grundzüge der gesammten Philosophie, insbesondere die Erkenntnisslehre und Dialektik, deren Veröffentlichung nach seinem Tode ihn vielleicht für die bei Lebzeiten vergebens aufgewandte Mühe einigermaassen entschädigen könnte; jedoch seinem öfters ausgesprochenen Tadel des Drucks von Vorlesungen zuwiderlaufen würde.

So kam es denn, nach der mit wenig Erfolg gekrönten Einleitung, nicht einmal zum ausgeführten Vortrage seines Systems, und schon im Frühjahr 1822 floh er wieder in den ihm lieb gewordenen Süden. Klima und Lebensweise in Berlin sagten ihm nicht zu. Man lebe dort wie auf einem Schiff: alles sei rar, theuer, schwer zu haben, die Comestibeln ausgetrocknet und dürr; die Spitzbübereien und Betrügereien jeder Art dagegen ärger als im Land wo die Citronen blühen. Sie legen nicht nur uns selber die lästigste Behutsamkeit auf, sondern bewirken oft, dass, die uns nicht kennen, einen Verdacht gegen uns hegen, den wir uns nicht träumen lassen, und uns eigentlich als filous behandeln, bis es zur fatalen Explosion komme.

Sein geselliger Umgang hatte sich wenig in der akademischen Sphäre bewegt. Die Concurrenten mied er absichtlich und die Pedanterie des deutschen Gelehrtenthums ekelte ihn an. Besser kam er mit Weltleuten zurecht, die er überall nach aristokratischen Maximen wählte. Sein Leben nahm damals schon, und mehr noch nach seiner zweiten Rückkehr aus Italien die spätere Gestalt an. Wenigen zugängig, verfolgte er die Fäden seiner grossen Ideen und suchte deren Haltbarkeit durch fortgesetzte Studien nach allen Seiten hin zu erproben und zu erhärten.

Die rücksichtslose Heftigkeit, mit der er dem, was ihm recht dünkte, in jeder Lage Geltung zu verschaffen suchte, das gänzliche Unvermögen sich seiner Natur widerstrebenden Personen und Verhältnissen anzubequemen, verwickelte ihn nicht selten in Widerwärtigkeiten. So hatte eine Bekannte seiner Hauswirthin 1821 — er bewohnte bis 1840 nur chambres garnies — die Gewohnheit, in seinem Vorzimmer Kaffeebesuche zu empfangen. Diese Person warf er einst unsanft zur Thüre hinaus, wobei sie auf den rechten Arm fiel und arbeitsunfähig geworden sein wollte. Es kam zum Process, der für ihn ungünstig endete, denn er musste die Alte lebenslänglich alimentiren. Sie besass leider eine zähe Constitution: selbst der Würgengel der Cholera rang vergebens mit ihr und er trug die Last über zwanzig Jahre, bis er endlich auf ihren Todesschein schreiben konnte: obit anus abit onus!

Derartiges Missgeschick trug dazu bei, ihm das Leben in Berlin vollends zu verleiden. Nach seiner zweiten Rückkehr aus Italien hielt er sich wieder einige Zeit in Dresden auf und nahm dann 1825 einen erneuerten Anlauf in Berlin zu lesen. Die Anmeldebogen zu diesen Vorlesungen weisen zwar eine Reihe von Namen auf; es sind aber keine echten Studenten, von denen ihm gewiss ein einziger genügt hätte, sondern mehr jene bekannte akademische Demimonde, welche mit Professoren speist und aus Langeweile, Courtoisie oder Eitelkeit einmal in den Hörsaal gelaufen kommt, ohne ständiges Mitglied eines Collegs werden zu wollen. So machte er sich denn mit dem Gedanken vertraut, auf jede mündliche Lehrthätigkeit zu verzichten; denn den Versuch anderwärts zu erneuern, erlaubte sein gerechter Stolz nicht.

In dieser letzten Zeit seines berliner Aufenthalts warf er sich mit Eifer auf das Spanische und begann die Uebersetzung des Oraculo manual y arte de prudencia von Balthasar Gracian. In derselben Zeit machte er die persönliche Bekanntschaft Alexander v. Humboldt's, dem er sich anfangs, wie Fichten, mit Verehrung näherte, bald aber fremd fühlte. Er fand nur ein grosses

Talent, wo er Geist vermuthet; nur scientia, wo er sapientia gesucht hatte. Der schonungslose Angriff gegen die doctrina recepta in der Optik konnte ihm die Gunst des Newtonianers nicht erwerben; wenigstens lebte Schopenhauer des Glaubens, dass Humboldt über den persönlichen Anstoss dieser Differenz nicht hinausgekommen sei. Genug, er habe aus diesem „Götzen der Zeit" nie etwas machen können. Bei Hegel dagegen wäre ihm die Farbenlehre zur Empfehlung gereicht, wenn er unter dessen Fahne hätte dienen wollen; denn derselbe nahm so lebhaften Antheil an Goethe's Theorie, dass er sich aus dem curriculum vitae, welches Schopenhauer der philosophischen Facultät bei seiner Habilitirung einreichte, dessen Angaben über sein Verhältniss zu Goethe in Ansehung seiner eigenen Untersuchungen abschrieb.*) Aber schon bei seiner disputatio pro venia legendi scheint er sich mit Hegel überworfen zu haben, der ihn als Opponent mit dem Ansehen der Ueberlegenheit in die Enge treiben wollte.

Der äussere Anstoss, dessen es noch bedurfte, ihn von Berlin für immer zu scheiden, war endlich die Cholera, welche 1831 ihren Schreckenszug dorthin lenkte. Er beschloss, sich im südlichen Deutschland

---

* Hegel's Leben von Rosenkranz, S. 340. Unrichtigerweise wird hier von einer ausführlichen Erzählung Schopenhauer's geredet.

als Privatgelehrter anzusiedeln und wählte Frankfurt, nicht der Frankfurter wegen, deren Solidität er stark mit Steifheit und Süffisance legirt fand, auch gegen den Rath seiner Mutter, der diese Stadt „für eine grosse zu klein, für eine kleine zu gross und im Ganzen ein Klatschnest" zu sein schien; sondern einzig und allein um des Comforts und der gesunden, cholerafesten Lage willen. Frankfurts Klima, meinte er, verhalte sich zu dem Berlins, wie das Mailands zu dem Frankfurts. Seiner Constitution scheint dasselbe vorzüglich entsprochen zu haben. Gleichwohl erkrankte er bald nach seinem Ueberzuge und verfiel in die düsterste Stimmung, sodass er Wochen lang keinen Menschen sprach. Kein Wunder, nach dem Verluste der reichen Subsidien und Zerstreuungen, deren sein intellectuelles und geselliges Leben bis dahin genossen hatte. Dazu die nicht mehr zweifelhafte gänzliche Verdunkelung des Werkes, mit dem er die Zeitgenossen vergebens beschenkt hatte, und die verfehlte akademische Laufbahn! Eine vorübergehende Veränderung seines Wohnorts schien dringend geboten, und er wandte sich nach Mannheim, wo er ein ganzes Jahr lang blieb. 1833 kehrte er nach Frankfurt zurück, um es nicht mehr zu verlassen.

Fast ein Menschenalter hindurch lebte er unter den Shopkeepers und Moneymakers — was sage ich!

unter den Doctoren dieser vortrefflichen Stadt ungestört und unerkannt. Hier und da, wenn ihn am
Wirthstische das Bedürfniss der Unterhaltung fortriss,
staunte ihn wohl ein müssiger Diplomat oder ein beschaulich gewordener Banquier oder ein durchreisender
Engländer an, hob auch wohl einen Brocken auf, den
er fallen liess; sobald er sich aber in den Philosophen-
mantel hüllte, zogen sie sich degoutirt zurück und
suchten auf gute Art loszukommen; denn es begann
leicht ein unciviles summarisches Verfahren, dessen
Endurtheil in seinen Mienen deutlich zu lesen stand.
Konnte er sich nämlich eines Menschen, dessen er
überdrüssig war, nicht anders entledigen, so benutzte
er die erste beste Kleinigkeit, sich mit ihm zu über-
werfen; denn er dachte, es sei besser, sich dem Vorwurf der Grobheit auszusetzen, als am Ende noch
„die Zeche bezahlen" zu müssen. Häufig wurde er in
frühern Jahren mit der Anrede heimgesucht: Sind Sie
ein Sohn der berühmten Johanna Schopenhauer? Dies
und sein Pudel war alles, was man von ihm kannte,
für ihn genug, dem Fragenden rasch den Rücken zu
wenden. Endlich erblasste der Stern seiner Mutter
vor der aufgehenden Sonne seines Ruhms, und wenn
nun der Greis durch die Strassen dahineilte — denn
nie ging er langsam — oder an der Wirthstafel sass,
so zeigte man auf ihn als eine Sehenswürdigkeit der

Stadt, nach welcher Reisende aus allen Welttheilen sich erkundigten, und sein Wirth, gefragt, ob er fürstliche Personen im Hause habe, sagte: ja, Doctor Schopenhauer.

III.

Wie er aussah.

————

Schopenhauer's Statur war unter der Mittelgrösse, sein Knochenbau gedrungen und kräftig, die Figur gleichwohl, in jungen Jahren, schlank; die Brust hob sich zwischen den breiten Schultern energisch und seine Stimme blieb bis zu seinem Tode ungemein stark. Die Hände waren klein und ausdrucksvoll. Aschblondes krauses Haar fiel dem Jüngling, wie es damals Mode war, über die Stirn. An der Oberlippe trug er als Student ein kurzes Bärtchen. Der röthlich blonde Backenbart des Mannes harmonirte mit der goldenen Brille, die er jedoch nie unausgesetzt getragen, und nach dem fünfzigsten Jahre ganz ablegte. Der Mund war in der Jugend voll und schön; zog sich aber später, mit dem Verlust der Zähne, sehr in die Breite. Die Nase war besonders regelmässig und fein geschnitten, an den Flügeln breit, an der Wurzel scharfkantig, vom Stirnbein in sanftem Winkel gerade abfallend. Die

Augenhöhlen waren gross und standen auffallend weit voneinander ab, sodass er eine gewöhnliche Brille kaum gebrauchen konnte. Glanzreiche blaue Augen verklärten den imposanten Kopf. Die Grösse desselben stand mit der des Skelets in keinem Verhältnisse. Neben dem nach seinem Tode in Gyps abgegossenen Schädel steht ein gewöhnlicher fast wie ein Knabenkopf. *)

Sein Blick war von solchem Feuer, von solcher geistigen Schönheit, dass er damit, besonders in jungen Jahren, unwillkürlich auffiel. Als er 29 Jahre alt war, kam ein ihm unbekannter alter Herr auf ihn zu, ihm zu sagen, er würde etwas Grosses werden. Ein Italiener, der ihm völlig fremd war, redete ihn mit den Worten an: Signore, lei deve avere fatto qualche grande opera: non so cosa sia, ma lo vedo al suo viso. Ein Engländer, der ihn nur gesehen hatte, äusserte, er müsse einen ausserordentlichen Geist haben. Ein Franzose sagte plötzlich über ihn: Je voudrais savoir ce qu'il pense de nous autres; nous devons pareitre bien petits à ses' yeux. C'est qu'il est un être supérieur. Der Sohn einer durchreisenden englischen Familie, die sich eben im Gastzimmer in Schopenhauer's Nähe niederliess, rief erregt: No, I'll sit here, I like to see his intellectual face! Derartiges begegnete ihm manchmal, denn sein Gesicht phosphorescirte von Geist. Schwieg er, so

---

*) Vgl. Abschnitt XI.

sah er Beethoven ähnlich; gab er sich dagegen der Unterhaltung hin, so hatte man Voltaire vor sich.

Seine Haltung war durchweg aristokratisch; er erschien stets in ganzer Toilette: schwarzem Frack, weisser Halsbinde und Schuhen. Dem Wechsel vieler Moden zum Trotz behielt er den Kleiderschnitt seiner Jugendzeit bis zum Tode bei. Der Leibrock mit umgelegtem, vornen zackig ausgeschnittenem Stehkragen wurde immer streng nach dem alten Muster erneuert. Dass er mit dieser Tracht gleichwohl wenig auffiel, lag daran, dass er sie seiner Persönlichkeit völlig angepasst und untergeordnet hatte.

In den letzten zehn Jahren seines Lebens ist er vielfach abgebildet worden. Die von Elisabeth Ney frei nach dem Leben modellirte Büste gewährt, der etwas unsichern Behandlung ungeachtet, viel von der geistigen Kraftfülle des Originals. Man glaubt wahrlich nicht einen mehr als siebenzigjährigen Greis vor sich zu haben. Dagegen ist die Gesichtsform nicht ganz exact, da Schopenhauer sich der mechanischen Abformung nicht unterziehen wollte. Das älteste vorhandene Porträt von ihm, eine verblasste Gouache, stellt ihn im einundzwanzigsten Jahre dar und bietet nur noch wenige Anhaltspunkte zur Vergleichung. Die nach einem lebensgrossen Oelbilde von Julius Lunteschütz bei Sachse in Berlin erschienene Lithographie hat das Verdienst, die Züge des grossen Denkers zuerst vervielfältigt zu haben;

den geistigen Gehalt des Kopfes gibt sie nicht wieder. Das ungleich bessere Original befindet sich in den Händen des Gutsbesitzers C. F. Wiesike auf Plauerhof, eines der zahlreichen fanatischen Anhänger unsers Philosophen, der für dies Bild eine besondere Kapelle erbaute und dem Meister zu seinem siebenzigsten Geburtstage einen kolossalen silbernen Pokal schickte. Ein geistreich aufgefasstes und technisch meisterhaftes Oelporträt fertigte Angilbert Göbel, von demselben auch radirt in klein Folio herausgegeben; und Lunteschütz arbeitet an einem zweiten, noch bei Lebzeiten Schopenhauer's begonnenen sehr gelungenen Brustbilde, welches dieser ausgezeichnete Künstler und vieljährige Freund des Philosophen der Vaterstadt desselben als Geschenk zugedacht hat. Der Magistrat ertheilte die Zusicherung, dass es in dem ehrwürdigen Rathhause der alten Hansestadt eine Stelle finden werde.

Was die Aehnlichkeit betrifft, so leuchtet ein, dass ein solcher Kopf seinem wahren und vollen Gehalte nach nicht auf die Leinwand zu bringen ist und der Künstler seine Aufgabe schon erschöpft, wenn es ihm nur gelingt, einen Theil desselben zur lebendigen Anschauung zu bringen. Daher ist es gut, dass wir auch Bilder von ihm haben, die auf mechanischem Wege entstanden sind. Die schöne Erfindung Daguerre's gab dem in der Verborgenheit lebenden Weisen den ersten Anlass, seine Züge auf die Nachwelt zu bringen. Die so entstandenen, mehr oder weniger gelungenen Daguerreotypen aus verschiedenen Jahren hat er der frankfurter Stadtbibliothek vermacht, in deren Stiegenhaus auch, als Geschenk seiner Testamentserbin, der Stiftung „Volksdank für Preussens Krieger in Berlin" die Ney'sche Büste einen passenden Platz gefunden hat.

Das in seinem siebenzigsten Jahre von J. Schäfer photographisch aufgenommene, diesem Lebensbilde im Stich beigegebene Brustbild leistet in Bezug auf Treue und Deutlichkeit wohl das höchste, was diese Kunst ihrem dermaligen Stande nach vermag.

IV.

Wie er sprach.

Heraklit sagt in einem von Stobäus (Flor. T. 3, p. 48) aufbewahrten Fragmente: noch kein Weiser habe es dahin gebracht, ganz einsam zu leben; dies vermöge nur ein Gott oder ein Thier. So zum wenigsten legte sich unser Freund die dunkle Reliquie des dunkeln Ephesers zurecht: sein eigenes Leben hatte ihm den Commentar dazu geschrieben. Den dem Sanguiniker möglichen höchsten Grad der Absonderung erreichte dieses im reifern Mannesalter, während der ersten Hälfte seines frankfurter Aufenthalts. Vierzehn Jahre waren seit dem Erscheinen der Welt als Wille und Vorstellung verflossen und er gab die Hoffnung auf, bei dem Geschlechte, mit dem er lebte, Anerkennung zu finden. Die Zeit, in der er auf diese gewartet, war ihm unter den grossen, wechselnden Eindrücken einer langen

Reise und seit der Rückkehr aus Italien in dem hochgehenden geistigen Strudel der „Metropole deutscher Intelligenz" verhältnissmässig rasch verstrichen. Nun aber, während Hegel's Stern in Berlin am höchsten stand und Schleiermacher den Rest der von diesem nicht absorbirten philosophischen Interessen beherrschte, sah er sich hier, in Mitteldeutschland, in einer ihm völlig heterogenen Umgebung, ganz auf sich selbst zurückgedrängt.

Mehr noch als auf den frühern Stationen lebte er so in Frankfurt als Fremder und vermied jeden Contact mit den örtlichen Interessen. Daher bewegte sich sein Verkehr mit den Leuten an sich schon in einer kühlern vornehmern Sphäre und eine weite Kluft trennte ihn vom grossen Haufen, den Jahr ein Jahr aus nur das Nächstliegende erfüllt. Für alle jene täglich abzuhandelnden, die Mühle der geselligen Unterhaltung treibenden kleinen Fragen, jenen vielgeschäftigen Austausch des Neuesten, den man kurzer Hand Klatsch nennt, hatte er keinen Sinn. Sein geselliges Leben, fast allein auf das Gespräch verwiesen, beschränkte sich auch in diesem gern auf das Höhere, im Wechsel der Erscheinungen Beharrende. Als geborener Philosoph philosophirte er immer, an jedem Orte, unwillkürlich. Gedanken bilden war sein Lebenselement, in dem er sich allererst sicher und behaglich fühlte. Aber freilich sprach er nie in abstracten Phrasen, seine Rede war

anschaulich, einfach, präcis, licht und lebendig wie sein
Stil. Unbetheiligt bei den zahlreichen Interessen, Sorgen,
Leiden und Freuden des Familienlebens und auch dem
öffentlichen nur in seinen grossen allgemeinen Zügen
mit Antheil folgend, concentrirte sich die ganze Kraft
seiner Unterhaltung auf das, was die Alten Dialektik
nannten, d. i. die Kunst der Gesprächführung im Gebiete des reinen Denkens, eine Definition, die er dem
schändlichen Missbrauche gegenüber, welchen moderne
Philosophaster, nach Hegel's Vorgang, mit dem Worte
getrieben, neben Schleiermacher allein aufrecht erhalten hat.

Es war aber seine Gesprächsweise in dem Maasse
antik, dass sie immer stark zu dem neigte, was Schleiermacher künstlerisches Denken nennt, d. h. er stellte
seine Gedanken während der Mittheilung unwillkürlich
unter ästhetische Gesichtspunkte, eine Eigenthümlichkeit,
die natürlich nicht das mindeste mit Schönrednerei gemein hat. Um die vollstimmigen Register seines Geistes
ins Spiel zu setzen, bedurfte er nicht des Dienstes
der Kategorien, noch überhaupt des abstracten Jargons
einer Schule; sondern er sprach frei beseelt aus der
verborgenen Fruchtbarkeit seines harmonischen Ideen-
baues heraus, wie die alten Denker dies nicht anders
gewusst haben. Er verkannte nicht, dass die Wahrheit,
wenn sie vom Munde zum Ohr geht, vor ihrem letzten
Kriterium, der Schönheit sich beugen, dass sie gefallen

müsse; freilich im höchsten, im ethischen Betrachte. Denn wenn wir uns fragen, worin zuhöchst und zuletzt dieses Wohlgefallen an der Rede wurzele, so werden wir sagen müssen: es ist das innerste Leben des Gemüths wie es in die Sphäre des Worts tritt, das uns entzückt und befriedigt. Der tiefste Ernst und die höchste Schönheit des Gesprächs finden sich im Brennpunkt des Gefühls zusammen, wo der ganze Mensch spricht, nicht etwa sein Mund allein, oder sein Kopf, oder irgend eine zufällige wandelnde Stimmung oder Erregung.

So war Schopenhauer's Redeweise und so stand allem, was er sprach, abgesehen von der objectiven Gültigkeit des einzelnen, oft einseitigen Urtheils, eine ungemeine Ueberzeugungskraft zur Seite, deren Reiz nicht selten am meisten gefiel, wenn man am wenigsten nachgab. Er selbst führte, wenn er sprach, einen glänzenden Gegenbeweis wider seine Lehre von der Nichtigkeit des individuellen Lebens, indem er ganz Person war und je tiefer er dachte, desto individueller erschien. Ich war noch sehr jung, als ich ihn zum ersten mal sprechen hörte. Ich sass in seiner Nähe an der Wirthstafel, kannte ihn nicht, wusste nicht, wer er war. Er demonstrirte jemanden den Anfang der Logik, das Gesetz der Identität und des Widerspruchs vor, und lebhaft steht mir noch das befremdende Gefühl vor der Seele, Einen über a=a sprechen und ein

Gesicht dazu machen zu sehen, als spräch' er mit seiner
Geliebten von der Liebe.

Er ging jederzeit ganz auf in dem was er sprach
und gab nicht acht darauf, was nebenher etwa vorging.
Philister, die dabei sassen und den Rauch ihrer Ci-
garren vor sich hinbliesen, fühlten oft das grösste Un-
behagen, einen Menschen neben sich zu haben, dem
das Gespräch keine Erholung, sondern ein Geschäft zu
sein schien, ja der sich über die gleichgültigsten Dinge
ereifern konnte, als wenn es ein Vermögen gälte. So
subjectiv und passionirt aber auch seine Unterhaltung
war, fiel etwas vor, das seine Aufmerksamkeit davon
abzuziehen vermochte, so sah man ihn plötzlich ver-
stummen und in einem Grade betrachtend und objectiv
werden, welcher der Zerstreutheit des bipes vulgaris
völlig uneigen ist. So erinnere ich mich, dass ich einst
bei ihm sass und zu ihm sprach, als auf einmal sein
Gesicht sich veränderte, indem sein Blick auf den Pudel
fiel, der eben ins Zimmer gelaufen war und mich
als einen Menschen, den er noch nicht recht kannte,
aufmerksam fixirte. Ich schwieg, und erst nach einer
langen Pause ergriff er wieder das Wort mit der Frage:
Haben Sie den Blick des Thieres gesehen?

Mit den Gegenständen der Unterhaltung war er
wenig wählerisch; denn das Kleinste und Gemeinste
wusste er mit dem Bedeutenden unmittelbar in Verbindung zu setzen. Nur erotische Gespräche vermied

er, und hatte er sich dazu verleiten lassen, so warf
er sich's hinterher vor; weil es den ersten Grundsätzen
seiner Lebensklugkeit widerstritt, sich auf ein Gebiet
zu begeben, auf dem die Gefahr sich zu encanailliren
so gross sei. Ueberhaupt war es ein unterscheidendes
Merkmal und kein geringer Vorzug seiner Mittheilung,
dass er die angeborene Aristokratie seines Geistes niemals verbarg, vielmehr sich jeder, auch der geheimsten
Connivenz in dieser Richtung als eines Abfalls von seiner
besseren Natur schämte. Aber eben diese rücksichtslose
Ungescheutheit, mit welcher er sich selbst und dem,
mit welchem er sprach, die weite Kluft zwischen seiner
ganzen Denk- und Sinnesart und der gemeinen bei
jedem Anlasse bewusst werden liess, isolirte ihn stets
von neuem, und so nahm sein Verkehr mit den Leuten
in der Regel einen kurzen Verlauf und ein gewaltsames
Ende. Seine Sprödigkeit wuchs in dem Maasse, als er
sich jenem routinirten und schlagfertigen intellectus
vulgaris gegenüber fand, der sich im Frohndienste des
Willens sicherer fühlt als der impertinente Bediente
eines vielvermögenden Herrn. Dieser praktischen Süffisance des gemeinen Menschenverstandes setzte er die
nackte Schneide der Grobheit entgegen, da ihm die
völlige Ungleichartigkeit der Waffen einen ehrlichen
Kampf von vornherein als unmöglich erscheinen liess.

Nicht selten bedauerten solche klugen Leute lebhaft, dass ein Mann von seinem Geiste für das Leben

verloren sei; er aber hielt diesen Verlust für keinen schlechten Gewinn, denn er dachte mit Thomas von Kempen (nach Seneca, Ep. 7): quoties inter homines fui, minor homo redii. Zwar sage Goethe, dass das Gespräch noch erquicklicher sei als das Licht; aber dennoch sei es besser, gar nicht zu sprechen, als ein so karges ledernes Gespräch zu führen, wie das gewöhnliche mit den bipedes, bei dem drei Viertel von dem, was einem zu sagen einfiele, nicht gesagt werden dürfen, aus ebenso albernen als nothwendigen Rücksichten, und die Unterhaltung in der That nichts anderes sei als ein qualvolles Seiltanzen auf der schmalen Linie des zu sagen ohne Gefahr Vergönnten. In der Regel hinterlasse jedes Gespräch — das mit dem Freunde und der Geliebten ausgenommen — einen unangenehmen Nachgeschmack, eine leise Störung des innern Friedens. Dagegen hinterlasse jede Selbstbeschäftigung des Geistes einen wohlthuenden Nachklang. Unterhalte er sich mit den Menschen, so empfange er ihre Meinungen, die meistens falsch, flach oder erlogen seien und in der armseligen Sprache ihres Geistes. Unterhalte er sich mit der Natur, so gebe sie, wahr und unververstellt, das ganze Wesen jedes Dinges, davon sie rede, anschaulich, unerschöpflich und rede mit ihm die Sprache seines Geistes. Ihn beschäftigen seine Gedanken und deren Mittheilung allemal lebhaft; aber die bipedes seien in der Regel nicht in demselben Fall:

ihrem freien Denken und Sprechen fehle es an wahrhaftigem Interesse und ihrem Antheil an beiden an
Lebhaftigkeit, um sie ganz einzunehmen. Daher bleibe
ihnen auch stets viel Aufmerksamkeit auf die nächste
Umgebung, so viel als er unmittelbar sich gar nicht
vorstellen könne. Während sein Blick auf einen Punkt
fixirt sei, irre der ihrige umher und jedes störende
Geräusch sei ihnen willkommen. So könne er z. B.
die Menschen nie weniger für seinesgleichen halten, als
wenn er sie zwecklos klappern oder Hundegebell anhören oder Kanarienvögel halten sehe. Ihm galt nichts
höher als die contemplative Sammlung des Geistes, und
was ihn am meisten vom lauten Markte des Lebens
zurückschreckte, war eben die grenzenlose Zerstreuung
des Bewusstseins nach aussen, der harte Sclavendienst
unseres bessern Selbsts unter dem von seinen nichtigen
oder schlechten Zwecken ganz erfüllten Willen. Mit
Reflexionen obiger Art ging seine Geselligkeit oft zu
Ende und er war dann jedesmal froh, wenn er die
Einsamkeit der Natur oder seiner Studirstube wieder
hatte.

V.

Was er trieb.

Non multa.
Seneca.

Dieses von ihm für die projectirte Gesammtausgabe seiner Werke bestimmte Motto charakterisirt zugleich seine gelehrte Bildung vortrefflich. Schopenhauer las viel und wusste viel, aber nicht Vieles. Weder seine Belesenheit noch sein Wissen war von dem ausserordentlichen äussern Umfange, den das ungelehrte gros de l'armée seiner Leser, wie auch einseitige Fachgelehrte in seinen Schriften zu finden glauben. Fast alle seine Recensenten rühmen seine „staunenswerthe Belesenheit"; aber Herbart hebt dabei treffend hervor, dass die seltene Auszeichnung hier in der mannichfaltigen und glücklichen Benutzung einer reichen Lectüre zur lichtvollen Darstellung speculativer Gegenstände liege. Diese seine Virtuosität in der Ausbeutung des ihm zugänglichen gelehrten Materials darf uns nicht über dessen Bestand täuschen. Mit der feinsten Spürkraft wusste er auf den unabsehbaren Feldern der Literatur die Stoffe aufzufinden, die er sich assimiliren konnte, mit gleich scharfem Instinkte aber auch alles ihm Fremdartige von sich abzuhalten. Dadurch erhielt sich sein wissenschaftlicher Charakter in jener ungebrochenen vollen Kraft und Eigenheit, die in gleichem Grade kaum ein moderner Schriftsteller mit ihm gemein hat.

Von Jugend auf hatte sich sein eigentliches Studium auf einzelne Capitalwerke beschränkt. Es ist bekannt, dass er die gleichzeitige philosophische Literatur in ihren Verzweigungen fast gar nicht verfolgte, und ich wage zu behaupten, dass er im allgemeinen gut daran gethan. Aber was er las, las er genau, und er beherrschte den Stoff alsdann vollständig. Schon der Umstand, dass er langsam las, spricht dagegen, dass er sehr Vieles gelesen hätte. Er rechtfertigte sich damit, dass er beständig selbst producire, während er lese; allein es ist nicht zu verkennen, dass seine Auffassung und Bearbeitung fremder Gedanken nicht immer gleich gewandt und beweglich gewesen ist; vielmehr pflegte sein Urtheil mit einer gewissen spröden Härte in die Tiefe zu bohren, wo es eben stand. Auch er hatte schon in früher Jugend an sich wahrgenommen, dass er nicht das Talent des inductiven Forschers besass, Mehreres auf einmal ins Auge zu fassen, und man wird immer finden, dass dies mehr Sache des Talents als des Genies ist. So behauptete Schopenhauer, bezeichnend genug für ihn selbst, ein echtes Genie werde nie reden und schreiben zugleich, oder eine Versammlung gut präsidiren, oder gut Karten spielen, überhaupt sich mit jener Gewandtheit bewegen, die der grosse Haufen bewundere. Dazu sei seine Rüstung zu schwer.

Während des Lesens strich er die entscheidenden Stellen an, fügte seine Randglossen bei und fand alsdann den eigentlichen Lesegenuss darin, die Quintessenz eines Buchs bei der cursorischen zweiten Durchsicht für sich abziehen zu können. Dadurch erhielt zugleich seine Bibliothek einen besondern Werth. Des Lesens schlechter Bücher enthielt er sich aufs strengste, weil sie das kostbarste Gut, die Zeit stählen; ja er dehnte dieses Verdict fast mehr noch auf die grosse Masse der mittelmässigen aus, im Sinne der Weisheit des Brahmanen:

> Schlecht ist das Schlechte nicht, denn das verkennt man selten;
> Das Mittelmäss'ge ists, das leicht für gut kann gelten.

Er las mehr in fremden Sprachen als im Deutschen; vor allem waren die griechischen und römischen Classiker zeitlebens sein vertrauter Umgang. Schon beim Lernen der alten Sprachen hatte er die meisten Autoren durchgelesen, die fehlenden war er bemüht allmählich nachzuholen; zu den wichtigsten aber, wie Platon und Aristoteles, kehrte er immer von neuem zurück. Den

Aristoteles las er noch in den letzten Jahren seines Lebens wiederholt vollständig durch. Sein lateinischer Lieblingsautor war Seneca, dem er den grossen Satz velle non discitur verdankte und von dem sogar sein eigenes Latein, nach der Versicherung kundiger Philologen, die Farbe annahm. Die Manier dieses Philosophen verglich er der in Brustbonbons verhüllten Ipekaquana; während er die gemeine und leichte Gattung witziger Einfälle, die Zoten, den Diavolini di Napoli gleichstellte. Von Jugend auf hielt er sich A. W. Schlegel's Rath vor Augen:

Leset fleissig die Alten, die eigentlichen, die alten;
Was die Neuern davon sagen, bedeutet nicht viel.

Ueberhaupt mied er gänzlich jene grosse Klasse moderner Bücher, die nur von Büchern handeln, die ganze sogenannte Literaturgeschichte und was dem ähnlich nur aus abgeleiteten Quellen schöpfen lässt. Nicht ernst genug glaubte er die heutzutage selbst in Gelehrtenkreisen immer mehr einreissende Unsitte sein Wissen nur aus zweiter Hand zu nehmen, wo die Quelle offensteht, rügen zu müssen; insbesondere galt ihm das Studium der Geschichte der Philosophie aus den Compendien moderner Zunftphilosophen für eitle Zeitvergeudung. Nur die älteren, unbefangenen Geschichtsschreiber der Philosophie, deren schlichter Bericht mit wörtlichen Auszügen und gewissenhaften Citaten das oft mühsame Studium eines minder wichtigen Autors ersetzen kann, einen Brucker, Tiedemann und ähnliche benutzte er zuweilen, ohne sich deshalb bei erheblichen Fragen irgendeines Quellenstudiums und wäre es das der Scholastiker gewesen, überhoben zu erachten. Da ihm alles Phrasenwerk und Scheinwesen in der Literatur- wie im Leben verhasst war, so widerte ihn vor allem die deutsche philosophische Schriftstellerei der letzten Jahrzehnde an, während er zu derjenigen unserer classischen Epoche, selbst wenn es einen Schriftsteller zweiten und dritten Ranges galt, gern zurückkehrte. Es solle sich nur Jeder unbefangen prüfen, ob er aus den anspruchslosen und veralteten Schriften eines Reimarus, Garve, Sulzer, Platner, Feder, Meiners, ja selbst eines Krug nicht noch heutigen Tags mehr zu lernen vermöge, als aus denen der drei berühmten nachkantischen Sophisten, geschweige denn aus den unerträglichen Schreibereien ihrer Aseclen und Epigonen. Dort begegne man, selbst bei geringem Talente, überall jener in der reinen Liebe zur Wahrheit wurzelnden Keuschheit des philosophischen Denkens und der daraus fliessenden Klarheit; hier dagegen leere, dunkle, pretentiöse, in Hyperbeln und Contradictionen schwelgende Wortgewebe, welche der deutschen Philosophie unseres Jahrhunderts die allgemeine Verachtung, zuerst des Auslandes, dann auch des Inlandes, mit vollstem Recht zugezogen hätten.

Leider wird die Nachwelt Schopenhauer darin Recht geben müssen, dass diese unechte Art des Philosophirens durch die Schriften Fichte's, Schelling's und Hegel's bei uns eingeführt worden ist. Aber Schopenhauer ist keineswegs der erste, der dies behauptet hat; vielmehr wurden schon zu Anfang dieses Jahrhunderts viele achtbaren Stimmen laut, die beweisen, dass der „Ton", welchen man ihm allein zur Last legen möchte, weit älteren Datums ist. Wenn diese Stimmen meist überhört wurden, so lag dies ohne Zweifel daran, dass die in den Schriften der genannten Drei immerhin unverkennbare Genialität ihre Zeitgenossen bestechen und für die arge Täuschung theilweise entschädigen konnte; wogegen ein solcher Ersatz bei dem talentlosen Haufen ihrer Nachtreter, zumal der Hegelianer — die sich mittlerweile durch zeitgemässe Schwenkungen zu salviren suchten — gänzlich wegfällt.

Wenn aber Schopenhauer's Schmähsucht und Selbstüberhebung gerügt werden sollen, so fange man doch erst bei seinen berühmten Antagonisten an und erinnere sich der Entrüstung, welche nach des ehrlichen Christoph Meiners' Zeugniss „alle echten Verehrer des Kantischen Namens über die unleidliche Arroganz und den bübischen Muthwillen" der Nachfolger des grossen Reformators empfanden. *) Man gedenke des souveränen Hochmuths, mit welchem Schelling auf alle seine Vor-

---

*) Allgemeine kritische Geschichte der Ethik (Bd. I, S. XI, Göttingen 1800). Vgl. desselben Grundriss der Ethik (Han-

gänger herabsah und der aus ihrer ·Erhabenheit ins Lächerliche fallenden Selbstvergötterung Hegel's, welcher im Sommersemester 1820, also gerade zur selben Zeit, als Schopenhauer den Katheder bestieg, seine Vorlesungen über die Logik mit den Worten begann: „Ich möchte mit Christus sagen: ich lehre die Wahrheit und bin die Wahrheit." In dieses Holz freilich trieb unser Freund derbe Keile.

Die erwähnte Scheu, sein Wissen aus zweiter Hand zu nehmen, hielt Schopenhauer auch vom Gebrauche aller Uebersetzungen zurück. Er stellte an jeden Gelehrten die Anforderung, dass er die Haupt-Literatursprachen verstehe. Des Lateinischen Unkundige zählte er geradezu zum vulgus. In müssigen Stunden beschäftigte er sich indessen selbst gern mit Uebersetzen und dachte manchmal daran, sich auch in dieser Kunst das Meisterrecht zu erwerben. So entstand während seines letzten Aufenthalts in Berlin eine vollständige deutsche Version der 1653 von D. Vincencio Juan de Lastanosa aus den Werken Balthasar Gracian's gezogenen 300 Regeln der Lebensklugheit, welche er unter dem Pseudonym Felix Treumund herauszugeben gedachte;

----

nover 1801, S. XXX), wo insbesondre Fichte einer „kaum verzeihlichen Arroganz", einer „noch weniger verzeihlichen Härte und Verachtung gegen seine Widersacher" und überdies der „gewaltsamen Verdrehung fremder Meinungen" und der „Aufbürdung gehässiger Folgerungen" geziehen wird.

aber nachher wieder zurücklegte. *) Auch die im Jahre 1830 mit Francis Haywood in Liverpool wegen einer von Schopenhauer zu leitenden englischen Uebertragung der Werke Kant's gepflogenen Unterhandlungen führten zu keinem Resultate. Es waren dies vorübergehende Anwandlungen zu einer seinem Lebensberuf fremden Thätigkeit während der an Selbstvertrauen und Hoffnung ärmsten Periode seines Lebens. Nicht selten übersetzte er auch deutsche Dichterstellen ins Englische. Wie vortrefflich er sich darauf verstand, beweisen die Randglossen seiner Handexemplare. Beispielshalber will ich nur die Stelle aus Faust's Prolog im Himmel hersetzen:

> I like to see the old one now and then,
> And do, t'avoid a rupture all J can:
> In a great Lord forsooth it's very civil
> To speek humanely even to the Devil,

wo das Original übertroffen ist, indem das Stichwort den Vers ungemein wirksam schliesst. — Ein Buch, das er ausnahmsweise gern in der Uebersetzung las, war das alte Testamont in der griechischen Septuaginta; denn in ihr glaubte er noch den natürlichen Charakter der heiligen Schriften zu erkennen, der in den neuern Uebertragungen unter den Tendenzen der Kirche gelitten habe.

---

*) Dieses opus posthumum wird demnächst der Oeffentlichkeit übergeben werden.

Von den neuern Literaturen cultivirte er am meisten die englische, wobei ihm seine Vertrautheit mit den Idiomen der Umgangssprache grossen Vorschub leistete. Besonders emsig verfolgte er die Fortschritte in der Kenntniss des Orients, soweit dieser dem des Sanscrit Unkundigen irgend zugänglich war. Ueberhaupt beschäftigte ihn die ascetische und mystische Literatur bis zum Ende seines Lebens. Die deutschen Mystiker studirte er eifrig. Am höchsten stand ihm Meister Eckhart, von dem er nur beklagte, dass er zu sehr in dem christlichen Dogmenkreise befangen gewesen sei, um seine überkühnen, wunderbar tiefen Intuitionen rein hervortreten zu lassen. Auch Angelus Silesius und mehr noch der Verfasser der deutschen Theologie waren seine Lieblinge. Von letzterem sagte er: wann er von seinem Fenster am Mainquai das deutsche Herrenhaus gegenüber sehe, so freue er sich, dem Ordensbruder, der dort gewohnt, über ein halbes Jahrtausend hinweg die Hand zu reichen: so weit voneinander ständen in der Geschichte Leute wie sie. Auch war er der Meinung, neben Goethe verdiene in Fränkfurt „der Franckforter" allein noch ein Denkmal. Jede dem Buddhaismus verwandte Erscheinung auf europäischem Boden nahm sein besonderes Interesse in Anspruch. So die Trappisten, die er die ehrwürdigsten Mönche nannte. Fast täglich verwandte er einige Augenblicke auf den paränetischen, charakterbildenden Theil seiner Lectüre.

Schriftstücke, an denen er sich immer von neuem erbaute, waren die 105. Epistel des Seneca, der Anfang von Hobbes de cive, Machiavell's Principe, die Rede des Polonius an Laertes im Hamlet, die Maximen Gracian's, der französischen Moralisten, Schenstone's und Klinger's.

Für die grossen Dichter aller Jahrhunderte bewahrte er sich zeitlebens einen wachen Sinn: am meisten las er Shakespeare und Goethe, in zweiter Linie Calderon und Lord Byron, dessen pessimistischer Kain ihn natürlich am meisten entzückte. Unter den Lyrikern hielt er neben Petrarca Burns und Bürger in hohen Ehren. Denn letzteren war er geneigt wegen seiner Unmittelbarkeit und hohen Kraft im lyrischen Ausdruck den nächsten Platz neben Goethe zuzugestehen, obwohl er Schiller keineswegs gering achtete, wie dies unter den romantischen Starkgeistern seiner Jugendzeit Mode geworden war. Doch sah er in den Uebertreibungen des Schillerfestes „eine starke Versuchung zur Ungerechtigkeit“ gegen den grossen Dichter. Poeten zweiten und dritten Ranges dagegen las er gar nicht: sie verlohnten nicht der Mühe. Oft schärfte er die vielgebrauchte Sentenz des Horaz ein:

> mediocribus esse poetis non di non homines non concedere columnae.

Gleichwie die Italiener von ihren vier Dichtern sprach er gern von vier Romanen: Don Quijote, Tristam

Shandy, Heloise und Wilhelm Meister, sodass er jeder
Nation einen gutschrieb mit Ausnahme der Italiener;
denn Boccaccio erzähle nur Scandalgeschichten.

Seine Studien wurden durch ein überaus starkes
und treues Gedächtniss, durch einen eminenten Orts-
und Gegenstandssinn unterstützt. Wer seine Schriften
auch nur oberflächlich kennt, wird einen grossen Unterschied wahrnehmen zwischen denjenigen, welche mit
der ersten Ausgabe des Hauptwerks vor das Jahr 1819
und denjenigen, welche später fallen. In jenen ist die
ursprüngliche Conception eine zusammenhängende, sie
sind entstanden aus einem lediglich im Kopfe des Autors
vorhandenen und diesem unmittelbar entnommenen Ge-
dankenfonds; die spätern dagegen nehmen ihren Stoff
aus seinen Studienbüchern und zeigen, mit Ausnahme
der zwei Gelegenheitsschriften über die Grundprobleme
der Ethik, mehr den Charakter blosser Collectaneen, wie
es dem in die Breite gehenden Wissen des reifern
Alters entspricht. Darauf deuten schon die Titel der
hinterlassenen, nur in diese zweite Hälfte seines Lebens
fallenden Manuscriptbücher: Cogitata, Pandectae, Spi-
cilegia u. s. w.; noch mehr aber deren Inhalt selbst,
welcher aus den verschiedenartigsten vereinzelten Gedanken besteht, die er, wie sie ihm kamen, aneinander
reihte. Durch ein Sachregister, in dem er alle wichtigen Begriffe, über die er gedacht, alphabetisch zu-
sammenstellte und nach den Manuscriptstellen, wo sie

niedergelegt waren, citirte, beherrschte er den aufge-
wachsenen Gedankenvorrath, trotz der grossen Zerstreuung desselben, vollkommen. Fremde Dicta und
Data aber, die er gebrauchen wollte, notirte er sich
kurz auf Zetteln, die er in einer Mappe aufbewahrte,
jedoch nicht länger als unbedingt nöthig war, sondern
sobald als möglich in den Context seiner eigenen Gedanken
aufnahm. Diese Methode Schopenhauer's ist jedem Gelehrten, der wesentlich eigenes und in eigener Form zu bieten
hat, und nicht vielmehr, was freilich das Geschäft der
meisten sein muss, nur empfangene, aus der Erfahrung
aufgenommene wissenschaftliche Data und Facta ge-
ordnet zusammenstellt, überhaupt jedem, der mehr auf
sapientia als auf scientia hinarbeitet, weit mehr zu em-
pfehlen, als die vielgerühmten Locke'schen Register und
die für statistische Zwecke vortrefflichen Zettelkasten
des Polygraphen Johann Jakob Moser, welche für einen
gelehrten Schriftsteller der erstgenannten Art, im Verhältnisse zu dem erforderten Zeitaufwand, wenig förder-
lich erscheinen.

Aber nicht aus Büchern allein sammelte er sein
Wissen, vielmehr von der Kindheit an darauf hingewiesen und daran gewöhnt, die Welt und in die Welt
zu sehen, hörte er nie auf, das todte Meer der Begriffe mit lebendigen Anschauungen zu befruchten, und,
obwohl unendlich einsam, lebte er doch in seiner Be-

schaulichkeit mit den Menschen fort und scheute keine Mühe, seinen geistigen Gesichtskreis zu erweitern, indem er auch im Kleinsten und Fernsten die Eine untheilbare Wahrheit suchte. So verfolgte er aufmerksam jedes neue Phänomen am Himmel wie auf der Erde, aber in der Regel im Widerstreit mit der gemeinen Meinung, indem ihn das meiste von dem, was diese anzieht und was sie für wichtig hält, kalt liess, und ihm hinwiederum gar manches hochernst war, was andere nicht beachten oder verlachen.

Als die Welt wiederhallte von der Entdeckung Leverrier's, freute er sich zwar über diesen neuen Triumph menschlicher Wissenschaft, protestirte aber sogleich lebhaft gegen die Ueberschätzung des persönlichen Verdienstes eines blossen Rechnungsexempels, welches an sich nicht mehr leiste, als die Zunge jenes Weinkenners, der das Lederriemchen eines in das Fass gefallenen Schlüssels witterte. Er beeilte sich damals für die passende Benennung des neuen Planeten Sorge zu tragen, indem er ein Sendschreiben an Encke erliess, worin er nachwies, dass der Planet nur allein den Namen des Göttervaters, des Eros führen dürfe. Die Gedankenlosigkeit aber, wie er sagte, taufte ihn Neptun.

Im Jahre 1837 hatte sich in Goethe's Vaterstadt ein Comité gebildet, dem grössten Dichter der Nation ein Denkmal zu errichten. In dieser Angelegenheit wollte Schopenhauer seinen Theil dazu beitragen, dass

das Rechte getroffen werde und übergab dem Ausschuss
ein Privatgutachten, worin er ausführte, dass ganze
Figuren (statuae equestes et pedestres) zu öffentlichen
Denkmälern, die nur durch Erhabenheit und Einfalt
wirken könnten, ausschliesslich solchen Personen angemessen seien, die mit ihrer ganzen Persönlichkeit, mit
Herz und Kopf, ja wohl auch noch mit Arm und Bein
für die Menschheit thätig gewesen, also Kriegshelden,
Herrschern, Staatsmännern, Volksrednern, Religions-
stiftern, Reformatoren und Heiligen; dass dagegen Männern von Genie, also Dichtern, Philosophen und Gelehrten, die nur mit dem Kopfe der Menschheit gedient
hätten, bloss eine Büste gebühre, weil sie keine he-
roische Stellung vertrügen, jede andere aber dem Spotte
von irgend einer Seite zur Zielscheibe diene. Er berief
sich dabei auf das Beispiel der fein fühlenden Alten,
welche diese Regel dergestalt befolgt hätten, dass die
wenigen Ausnahmen, wie die sitzenden ganzen Figuren
des Menander und Philemon im Vatican und der überdies zweifelhafte Aristoteles im Palast Spada wahrscheinlich nicht als öffentliche Monumente gedient hätten.
Die abweichenden Grillen der Neueren kämen dagegen
nicht in Betracht. Er entwarf zugleich den Plan des
Denkmals, das in theilweiser Uebereinstimmung mit
einem älteren noch während des Dichters Leben gefassten Plane, dessen Ausführung Danneker zugedacht
war, in einer kolossalen Büste nach den Modellen

Tieck's und Weisser's und dem Maasstabe der St.-Carlo-Satue bei Arona am Lago maggiore mit der deutschen und lateinischen Inschrift: „Dem Dichter der Deutschen seine Vaterstadt" bestehen sollte. Als Ort des Denkmals verwarf er den geräuschvollen Mittelpunkt der Stadt und brachte stillere Plätze in Vorschlag. Die Entscheidung fiel nach mannichfachen Verzögerungen in jeder Hinsicht gegen sein Gutachten aus und er konnte das Monument, welches Kugler in seiner Kunstgeschichte ein Nationalunglück nennt, nur als einen Fehlgriff betrachten. Dagegen wurde sein weiterer Vorschlag, Goethe's Geburtshaus mit einer Gedenktafel zu bezeichnen, verwirklicht.

Bei diesem Anlasse führte er dem frankfurter Kunstsinne noch ein paar andere Verstösse wider den classischen Geschmack zu Gemüth: die gelbrothen Wände des Antikencabinets im Städel'schen Kunstinstitut, welche nicht nur dem zeichnenden Schüler die Augen verderben, sondern auch jedem fühlenden Menschen eine Marter seien, *) und die Inschrift unter dem Frontispice der Stadtbibliothek: „Studiis libertati reddita civitas", welche in vier Worten drei Fehler enthalte, sodass Cicero deren Sinn: Litteris recuperata libertate civitas wohl schwerlich herausfinden würde. Das Gebäude selbst, so wenig er die Zweckwidrigkeit der innern Einrichtung

---

*) Vgl. Goethe's Farbenlehre, §§. 774—76.

verkennen konnte, hatte wie alles der Antike Entlehnte seinen ästhetischen Beifall; denn zur blinden Unterwerfung unter den Geschmack der Alten sei man als barbarus verbunden. Als er gegen die Säulen vor dem neuen Bethmann'schen Ariadneum ein Misstrauensvotum ausgesprochen hatte und der Architect ihn versicherte, dass sie rein nach der Antike copirt seien, zog er dasselbe zurück.

Das Theater besuchte er in jüngeren Jahren sehr häufig; später erschwerte ihm zunehmende Harthörigkeit den Genuss des Schauspiels immer mehr, sodass er sich auf die Oper beschränkte. Die „Musik der Zukunft" verwarf er nach Anhörung des fliegenden Holländers gänzlich und obwohl er Richard Wagner zu seinen speciellen Verehrern zählte, fasste er doch sein Urtheil zuletzt in den Worten zusammen: Wagner wisse nicht, was Musik sei. Sein musikalischer Hauptgenuss bestand in der Anhörung der Beethoven'schen Symphonien. Er sass dabei regungslos mit geschlossenen Augen von Anfang bis zu Ende und verliess mit diesem sogleich den Concertsaal, um den grossen Eindruck nicht durch das Anhören der folgenden Salonstücke abzuschwächen.

Als 1854 der berühmte Magnetiseur Regazzoni in Frankfurt debütirte, liess sich eine Anzahl Mediciner, denen die Geheimnisse des Magnetismus dem Ansehen nach bis dahin keine schlaflose Nacht verursacht hatten, durch die nicht zu läugnende, dem Romanen nun einmal

unentbehrliche übertreibende Ostentation in der Darstellung des Ausserordentlichen, zu einer öffentlichen
Erklärung verleiten, in welcher der Mann nicht allein
schlechtweg als Betrüger denuncirt, sondern auch behauptet wurde, die Productionen desselben ständen „in
gar keiner Beziehung zu der Existenz oder Nichtexistenz (?!) des thierischen Magnetismus." Hierzu kamen
doch die ebenso rohen als abwegigen Experimente
eines berüchtigten Vivisectors, die dazu dienen sollten,
diese „assertion ridicule", wie sie Regazzoni nannte, zu
erhärten; in der That aber nur Leben und Gesundheit
der missbrauchten Somnambule in Gefahr brachten.
Ueber dieses Gebahren der frankfurter Wissenschaft
erging sich Schopenhauer damals in den schonungs-
losesten Invectiven, gab dem Misshandelten, welcher kurz
darauf in Paris von den ersten Autoritäten des Faches
in Gegenwart der kaiserlichen Familie als ein Magnetiseur von ausserordentlicher Kraft anerkannt wurde,
ein Ehrenzeugniss und erklärte, dass Leute, welche
unzweideutig Miene machten in der Mitte des 19. Jahrhunderts die Nichtexistenz des thierischen Magnetismus
zu promulgiren, statt der Magnetiseure, und wenn diese
Charlatane wären, nur ihre eigene Unwissenheit entlarven
könnten.

Zur Herbstmesse 1857 wurde in Frankfurt eine
grosse Seltenheit in Europa, ein lebender junger Orang
(Pithecus) gezeigt. Schopenhauer besuchte den „muth-

maasslichen Stammvater unseres Geschlechts", auf dessen persönliche Bekanntschaft er bis zu seinem siebenzigsten Jahre vergeblich gewartet habe, fast täglich und ermahnte seine Bekannten, diese Gelegenheit nicht unbenutzt vorübergehen zu lassen, ja, lieber heute als morgen zu gehen, denn er könnte morgen todt sein. Besonders fiel ihm der Blick des Thieres auf, das keinen Zug äffischer Bosheit hatte und dessen Kopf, im Stirn- und Scheidelbein entschieden besser gebildet als derjenige der niedrigsten Race unseres eigenen Geschlechts, keine thierische Geberde verrieth. Er fand in diesem merkwürdigen, von Jugend auf melancholischen Thiere die Sehnsucht des naturbildenden Willens nach der Erkenntniss personificirt, wie wenn er seinen Blick mit dem des Propheten in das gelobte Land hätte vergleichen wollen.

Diese und andere kleineren Interessen wurden selbstredend von dem literarischen weit überwogen. Um seinen Antheil an der deutschen Literatur seiner Zeit und seine gereizte Stellung zu derselben zu verstehen, muss man die Fata seiner Werke vor Augen haben. In der kleinen Schrift Ueber den Willen in der Natur (Frankfurt 1836) verlieh er der tiefen Verstimmung über die „Unredlichkeit" unseres Schriftthums, unter Anführung einer merkwürdigen Aeusserung Goethe's bei Besprechung des Buchs der Staël über das „ehrliche" Deutschland, zum erstenmal öffentlichen Ausdruck. Er glaubte den Grund dieser Erscheinung, neben der unläugbaren Unfähigkeit der meisten sogenannten Denker, die höhere Wissenschaft durch ihre Schriftstellerei wahrhaft zu fördern, hauptsächlich in dem zu finden, was er mit einem dem Englischen (time-server) nachgebildeten Wort „Zeitdienerei“ nannte. Und in der That scheint es unter uns erlaubt, dem literarischen Publikum in jeder Gattung Alles zu bieten, wenn es nur zeitgemäss ist, d. h. dem Wahne des Tags schmeichelt. Das Emporwüchern des literarischen Buchweizens findet ohne Zweifel hierin seine ausreichende Erklärung. Dagegen dünkt mich, die Schwierigkeit des Aufkommens und Durchdringens wirklich grosser Verdienste in der deutschen Gelehrtenrepublik habe neben dem Umstande, dass denselben ihr Charakter nicht erlaubt an den Vortheilen des literarischen Cliquenwesens und der Carrièremacherei Theil zu nehmen *), ihre Ursache darin: dass wir Deutsche die Freiheit, die uns seit Alters im Felde der Theorien und Einfälle vergönnt ist, zur Ueberfruchtung desselben dergestalt missbrauchen, dass Urtheilskraft und Geschmack des lesenden Theils der Nation durch die plan- und zuchtlose Ausgeburt unaus-

---

*) So gab Schopenhauer, um nur dies Eine zu erwähnen, nie zu, dass die Annoncen seiner Verleger irgend einen empfehlenden Zusatz geschweige denn Lobhudeleien enthielten.

getragener Ideen abgestumpft und desorientirt werden.
Selbst die Autorität unserer grössten Denker muss auf
diese Weise einer Menge von Querköpfen, Schwätzern
und Schwarmgeistern nur zur Ausführung ihrer Grillen
dienen. Niemand ist da, der mit einem energischen
Quos ego auf dem Tummelplatz unserer Literatur Richtung und Ziel gäbe; sondern ein jeder treibt's wie er
will und so gut oder schlecht er's vermag. In England
und Frankreich ist dies anders: dort weiss jeder genau, was er seinem Publikum bieten darf, und das
Publikum weiss ebenso genau, was es von jedem erwarten kann. Es existirt dort ein mittlerer Maasstab
für Form und Inhalt jeder literarischen Production,
welcher von den Producenten und Consumenten gleich-
mässig angewendet und respectirt wird. Daher finden
wir, dass Engländer und Franzosen im Allgemeinen bei
weitem weniger schlechthin perverse, unnütze Bücher
haben und bei weitem weniger Zeit durch absolut
unfruchtbare und verwirrende Studien verlieren als der
bildungsstolze Deutsche.

Als 1844 der zweite Band der Welt als Wille und
Vorstellung erschien, war dieses unsterbliche Werk der
neutschen Gelehrtenwelt geschweige denn dem grössern
Publikum so gut wie unbekannt. Die erste Auflage
war in den 25 Jahren seit ihrem Erscheinen nicht
verkauft, sondern, wie erwähnt, zu Makulatur geworden.
Ein gleiches Schicksal hatte die vierfache Wurzel des

Satzes vom zureichenden Grunde getroffen. Die Nicht-
beachtung dieses ausgezeichneten Denkers und Schrift-
stellers ging so weit, dass Schriften, welche die Welt
ohne Zweifel noch nach hundert Jahren lesen wird, die
Ueber den Willen in der Natur und Die beiden Grundprobleme der Ethik (Frankfurt 1841), mit nicht zu
rechnender Ausnahme einer fastidiösen secretirenden
Anzeige im Leipziger Repertorium, in keiner einzigen
gelehrten Literaturzeitung besprochen wurden; während
gleichzeitig, eine lange Reihe von Jahren hindurch, das
philosophische Publikum bis zum Ueberdruss von den
ephemeren Producten der Gilde unterhalten wurde!
Schopenhauer sah in diesem Schweigen nur Absicht
und bösen Willen; ich erblicke darin mehr die eben
beleuchtete Schwierigkeit, das Wahre, Bleibende, Grosse
aus dem Wuste des Falschen, Vergänglichen und Kleinen
herauszufinden. Dieser in Deutschland künstlich gesteigerte Mangel an Unterscheidungsfähigkeit ist allerdings juris gentium; ihr Gegentheil, die Urtheilskraft
in höheren Dingen immer nur Sache Weniger, ja man
kann sagen, eben nur derjenigen, welche selbst fähig
sind, eigene ursprüngliche Gedanken über solche Dinge
zu haben; während die grosse Masse der Nachahmer
stets damit beschäftigt ist, ihre innere Leerheit und
äussere Unbedeutendheit auf Kosten des Inhaltvollen und
Bedeutenden herauszuputzen. So schreiben sie fort
und fort, besprechen Ihresgleichen mit dem Ansehen

der grössten Wichtigkeit, nennen sich wechselseitig „berühmte“ oder, wo dies absolut nicht angeht, „rühmlich bekannte Verfasser“, auch wohl „stimmberechtigte Denker der Gegenwart“*) u. s. w., und zerraufen auf der andern Seite die Gaben des Genius mit solchem Geschick, dass diese bald nicht mehr von ihrem eigenen Gemächte zu unterscheiden sind. Dann freilich ist ihr Ziel erreicht und sie können ihre Waare eine Zeit lang ungestört an den Mann bringen — bis endlich wieder ein Gottgesandter den Tempel der Wissenschaft durch sein blosses Auftreten von den Verkäufern reinigt. Kaum aber ist derselbe todt, so wird das Geschäft nutzbringender als zuvor wieder aufgenommen, indem man der abgeschreckten Kundschaft nunmehr die reine Lehre dessen, der zuletzt die Geisel schwang, anbietet und unter diesem Schild den alten Kram wieder aufrichtet.

Das Missgeschick seiner Preisschrift über das Fundament der Moral in Kopenhagen erklärt sich leicht, wenn man erwägt, dass Herr Hans Martensen dort den speculativen Ton angiebt, derselbe Hans Martensen, welcher laut Vorrede zu einem des Citates nicht werthen „Grundriss des Systems der Moralphilosophie“ in Schleiermacher's Ethik, diesem Stolz deutscher Wissen-

---

*) Zeitschrift für Philosophie und philosophische Kritik. Neue Folge Bd. 21, S. 241.

schaft, „vergebens grosse, befruchtende Anschauungen gesucht" und sie sowohl, als auch „Kant's moralphilosophische Arbeiten einer verschwundenen Entwicklungsstufe" zurechnet! Ganz unerklärlich aber bleibt es mir immer, wie sogar das mit dem zweiten Bande vollendete Meisterwerk Schopenhauer's, ein Werk, welches obendrein in einem wahrhaft classischen Stile geschrieben ist, in den ersten Jahren seines erneuten Erscheinens fast ganz und gar übersehen werden konnte. Erst 1848 durch den Aufsatz Frauenstädt's in den Blättern für literarische Unterhaltung „Stimmen über Arthur Schopenhauer" und, nach dem Erscheinen der Parerga und Paralipomena (Berlin 1851), durch die bekannte Recension in der Westminster Review (Aprilheft 1853) „Iconoclasm in German philosophy", welche einer von den eben besprochenen „stimmberechtigten Denkern der Gegenwart" alsbald durch die aus der Luft gegriffene Insinuation zu neutralisiren suchte: sie sei „wahrscheinlich in Deutschland geschrieben" *), wurden dem Publikum die Augen über ihn geöffnet. Hier läugne einer die Misère unseres literarischen Zustandes!

-----

*) Nach Dr. O. L.: ein eclatanter Beleg zur „Aesthetik des Hässlichen." Den Namen seines Recensenten, des durch verschiedene ausgezeichnete Uebersetzungen aus dem Griechischen und Deutschen in England bekannten John Oxenford, erfuhr Schopenhauer erst drei Jahre später.

Schopenhauer wurde bekannt, um nie wieder vergessen zu werden. Nun fand er mit einem mal in allen Schichten der bildungsbedürftigen Lesewelt begeisterte, ja, wie er lächelnd zu sagen pflegte, fanatische Anhänger, und nicht Deutsche allein, sondern ebenso auch Engländer, Franzosen, Holländer, Skandinavier, Kurländer, Russen, Polen, Ungarn und Italiener suchten ihn auf, sodass er in den letzten zehn Jahren seines einsamen Lebens die Genugthuung hatte, den Tag seines Ruhms, dessen Aufgang er 40 Jahre lang mit der unerschütterlichen Zuversicht des Genies auf die Zeit nach seinem Tode verschoben, noch vor demselben klar und untrüglich anbrechen zu sehen. Aber dieser späte Ruhm war auch das einzige, was er als deutscher Schriftsteller erwarten durfte. Für Geld und Würden hat er nie gearbeitet. Dieser Mann, dessen Kopf nicht zu Stand käme, wenn man hundert von der Sorte der Herren Thiers und Jules Simon zusammensteckte, ist erhaben über den „grossen Preis“. Die deutschen Akademien aber konnten versichert sein, dass er ihre Diplome mit umgehender Post zurückgeschickt hätte, wenn er jemals damit überrascht worden wäre.

VI.

Wer er war.

Der Gott, der mir im Busen wohnt,
Kann tief mein Innerstes erregen,
Der über allen meinen Kräften thront,
Er kann nach aussen nichts bewegen;
Und so ist mir das Dasein eine Last,
Der Tod erwünscht, das Leben mir
verhasst.
Goethe im Faust.

Wer auf geistigem Gebiet etwas geleistet hat, das
fähig ist seinen Namen auf die späteste Nachwelt zu
bringen — und dass unser Mann einer dieser Auserwählten sei, vermag nur Unverstand oder Neid zu be-
streiten — hat ein Recht darauf, dass man, wie es im
Wallenstein heisst, seinen Kern untersuche. Unerlässliche Pflicht wird dies vollends in unserm Falle, wo die
Verdächtigung des Charakters die Leistung und deren
Ruhm selbst verdächtigen soll, wo Leute, die selbst nie
einen Originalgedanken gehabt, wohl aber die anderer
verballhornt, vorbringen: Schopenhauer's Lehre sei zwar

„das Erzeugniss eines gewaltigen Talents, welches jedoch von einer tiefcomplicirten ethischen Verbildung ergriffen, die grossen Anschauungen seines Scharf- und Tiefsinnes nicht rein auf sich wirken lasse zu unbefangenen Abwägungen, sondern willkürlich und sophistisch mit ihnen gebahre“ (etwa wie Fichte, Schelling und Hegel?) „um eine vorhergefasste Meinung ihnen zu extorquiren.“ Daher rühre es auch, dass diese Lehre so lange „unbesprochen“ geblieben sei, denn es habe den „Geschichtsschreibern der neueren Philosophie“ zu viel Mühe gemacht — „nicht ihn zu widerlegen, sondern gerecht gegen ihn zu sein, die Stellen genau zu sondern, wo seine Wahrheit in die Abwege des Irrthums übergehe.“ Aber bei den Wirrköpfen der Coterie verlohnte es sich dieser Mühe!

Ich beginne mit den Worten, mit welchen ein Anonymus den Moralphilosophen Friedrich Buchholz zeichnet: „Wenn der Vorzug des Menschen sich darin erhärtet, dass er mehr ein selbständiges und geschlossenes Wesen als jedes einer andern Gattung ausmacht, so besteht gewiss der höhere Vorzug der Menschen untereinander, in je höherm Grade einer vor dem Andern dies in sich selbst vollendete geschlossene und selbständige Wesen bildet. Ein Mensch also, der in seinen Ansichten, Handlungen, seiner Gestaltung und Productivität oder in allen den Berührungspunkten seines Daseins mit den Wesen seiner Gattung sich gleichsam selbst umkreist, und von der Sphäre seinesgleichen durch sein abgerundetes Wesen so zu sagen in dem Grade abstreift, dass nur ein kleiner Punkt der Assimilation, eine Tangente zwischen ihm und der Menschengattung sich bildet — einen solchen Menschen kann man schlechthin zu den Vorzüglichsten und Grössten zählen". *)

Dass solche trotz dieser Selbständigkeit und Geschlossenheit weit seltner im Leben glücklich werden, als gewöhnliche Menschen, ist eine alte Erfahrung; die sittliche Gerechtigkeit des ihr zu Grund liegenden Gesetzes aber springt nicht so leicht in die Augen. Christus fand das Eingehen eines Reichen ins Himmelreich so schwer, dass er es dem Undenkbaren verglich, und wie gerade das Grosse in uns, Geist und Talent, wenn es am Grössten gebricht, an dem Einen, was noth thut, nur zum glänzenderen Beweis unserer Kleinheit und Nichtigkeit dienen muss und in seiner Erniedrigung des Teufels Antheil an dieser Welt allererst gross werden lässt, lehrt uns der Dichter des Faust. Die Melancholie des Genies, von welcher Schopenhauer überall mit der Ueberzeugungskraft der innern Erfahrung redet, hat einen tiefern Grund, als den intellectuellen der Erkenntniss der Welt und deren Unfähigkeit, ihm Befriedigung zu geben; es ist die riesenhafte Schwierigkeit seiner eigenen ethischen Lebensaufgabe. Grosse Ge-

---

*) Kabinet Berlinischer Karaktere, s. l. 1808, S. 6.

danken und schöne Werke, die ihm die Natur verliehen, und die er der Welt wieder leiht, führen seinen Namen durch offene Hallen in den Tempel des Ruhmes; aber sein Herz geht nur blutend durch die enge Pforte der Selbstverleugnung in das ewige Friedensreich.

Nie vergesse ich meinen Freund, als er einst bei mir das Bild Rancé's, des Abts von La Trappe sah und mit einer schmerzlichen Geberde sich wegwendend sagte: das ist Sache der Gnade! Er wollte nicht mehr sein als ein Gelehrter, kein Asket, geschweige denn ein Heiliger. Wer aber Lehre und Leben, Erkennen und Thun in keiner Weise zu trennen versteht, mag ein guter Mensch, ein echter Christ sein; ein Philosoph ist er nicht und lasse unsern Philosophen in Frieden.

Betrachten wir zuerst den Boden, auf dem sich sein Charakter erhebt, seine Einsamkeit. Nie hat ein Mensch, obgleich mitten in der Gesellschaft stehend und vertraut mit allem was sie trägt, sich einsamer gefühlt als Schopenhauer. Der indische Anachoret ist ein geselliges Wesen im Vergleiche mit ihm: denn jenem ist seine Einsamkeit accidentell oder beruht doch nur auf praktischen Motiven; ihm dagegen war sie essentiell und das Resultat der Erkenntniss. Daher erreichte dieses Gefühl in seinem Bewusstsein eine intensive Stärke, die es mit dem der blossen Abgeschiedenheit von aussen nicht vergleichen lässt.

Wir finden in dem Leben des Genies den scheinbaren Widerspruch, dass es ungewöhnlich frühe reif wird und doch ebenso ungewöhnlich lange Kind bleibt. Zur Beleuchtung dieser Erfahrung dient die Lehre Schopenhauer's vortrefflich. Die Welt als Vorstellung nämlich umfasst der von der Herrschaft des Willens relativ freigegebene Intellect des Genies leichter und schneller, als der gewöhnliche Mensch, und wenn es gleich, seiner ursprünglichen Anlage gemäss, für die Erkenntniss des Einzelnen, für dieses oder jenes besondere Gebiet der Erfahrung zuweilen weniger Sinn hat, das Unterscheidende innerhalb dieser Gebiete schwerer erfasst als selbst das gemeine Talent, so beherrscht es doch das Ganze der Erscheinungen vermöge seiner grösseren Objectivität freier und findet die Uebergänge aus einer Sphäre der Welt in die andere sicherer heraus. Dagegen auf dem Boden des unmittelbaren Seins, im untheilbaren Leben des „Willens", in der ureigenen und wesenhaften Persönlichkeit selbst steht das Genie der Welt unendlich selbständiger und deshalb fremder gegenüber. Die Aneignung geht hier nur langsam und unter heftigen Krisen von statten. Die geniale Individualität löst ihren vorweltlichen Rapport später und niemals völlig, setzt ihrer Entfaltung in dieser Welt anfangs den zähesten Widerstand entgegen, knüpft nur scheu und ungelenk jedes neue Verhältniss an, dessen tiefere Wirkung sie instinctiv voraussieht

und fürchtet, und bewahrt sich so länger die ursprüngliche Form des Gemüths, die uns aus den seligen Augen
der Kindheit entgegenlacht.

Daher sieht sich dem „den sichern Schatz im Herzen" tragenden Genius das Spiel des Lebens nur in
der Vorstellung leichter an, im Willen aber schwerer, und der wehmüthige Blick, den er, je weiter er im
Leben fortschreitet, desto sehnsüchtiger nach der ent-
schwindenden Kindheit zurückwirft, ist der Ausdruck
des Gefühls dieser unüberwindlichen „Schwere des
Daseins." Das Urbild öder Ideal seines Lebens, das
jedem Menschen, weit vollkommener und inniger aber
dem Genie eingeboren ist und das es mit der ganzen
ursprünglichen Fülle seiner Kraft darleben will, zeigt
sich ihm in der Kindheit nur erst ästhetisch, in
wunderbaren Farben und Formen; je mehr es heran-
wächst und den Widerstand der Welt, nicht allein ausser
ihm, sondern auch in ihm, in der Nachtseite seines
urkräftigen Willens, der Leidenschaft, gewahr wird,
desto mehr enthüllt sich ihm die Unmöglichkeit, es zur
lebendigen Wahrheit zu bringen: das Bild der Glückseligkeit (le rêve de bonheur) erbleicht hinter der ernsten
Pflicht es ethisch darzustellen, d. h. es im Glauben
zu bewahren und in der Liebe zu wollen ohne die
Hoffnung jeder zeitlichen Befriedigung.

Dieser rein sittlichen Aufgabe, deren Lösung über
Glück oder Unglück seines Lebens entscheidet, ist die

Vollkommenheit und Innigkeit des ihm einwohnenden Urbildes nicht fördernd, sondern geradezu hindernd und störend: weil dessen grosser Abstand vom wirklichen Leben die Anknüpfung an die erniedrigenden Bedingungen desselben, die demüthigende Rücksicht auf die „Forderung des Tags" jeden Schritt im Handeln erschwert und der falsch bemessene Anlauf die Kraft immer neu beirrt und entmuthigt. Dem Künstler freilich gelingt es eher, sich zurechtzusetzen mit der Welt, die des Schönen so viel hat, und wenn er je verzagen wollte, strömt er sein Herzblut in Bild und Gedicht aus, deren Schein die fehlende Wirklichkeit des Ideals zwar nie ersetzt, aber doch für Augenblicke vergessen lässt. Dagegen der arme einsame Denker, dem kein Gott gab, zu sagen, was er leidet — denn die Wissenschaft trägt keine Gefühle hinaus, sie hat nur Vorstellungen und Gedanken — zieht sich scheu zurück aus dem regen Handel dieser Welt: er eilt vom lauten Marktplatze des Lebens. wie ein geschlagenes Kind, aus Furcht sein Alles zu verlieren, sich selbst abtrünnig werden zu müssen, wenn er sich fügte.

Bei unserem Freunde aber hatte die Natur ein übriges gethan, sein Herz zu isoliren, indem sie es mit Argwohn, Reizbarkeit, Heftigkeit und Stolz in einem mit der mens aequa des Philosophen fast unvereinbaren, Maasse bedachte. Vom Vater angeerbt war ihm jene von ihm selbst verwünschte und zeitlebens mit dem ganzen Aufwande seiner Willenskraft bekämpfte, an Manie grenzende Angst, die ihn zuweilen bei den geringfügigsten Anlässen mit solcher Gewalt überfiel, dass er blos mögliches, ja kaum denkbares Unglück leibhaftig vor sich sah. Eine fruchtbare Phantasie steigerte diese Anlage manchmal ins Unglaubliche. Schon als sechsjähriges Kind fanden ihn' die vom Spaziergange heimkehrenden Aeltern eines Abends in der vollsten Verzweiflung, weil er sich plötzlich von ihnen für immer verlassen wähnte. Als Jüngling quälten ihn eingebildete Krankheiten und Streithändel. Während er in Berlin studirte, hielt er sich eine Zeit lang für auszehrend. Beim Ausbruch des Kriegs 1813 verfolgte ihn die Furcht zum Kriegsdienste gepresst zu werden. Aus Neapel vertrieb ihn die Angst vor den Blattern, aus Berlin die Cholera. In Verona ergriff ihn die fixe Idee vergifteten Schnupftaback genommen zu haben. Als er 1833 im Begriffe war, Mannheim zu verlassen, überkam ihn ohne alle äussere Veranlassung ein unsägliches Angstgefühl. Jahrelang verfolgte ihn die Furcht vor einem Criminalprocesse wegen der schon erwähnten Berliner Affaire, vor dem Verluste seines Vermögens und vor der Anfechtung der Erbtheilung seiner eigenen Mutter gegenüber. Entstand in der Nacht Lärm, so fuhr er vom Bette auf und griff nach Degen und Pistolen, die er beständig geladen hatte. Auch wenn keine besondere Erregung eintrat, trug er eine fortwährend innere Sorglichkeit in sich, die ihn Gefahren sehen und suchen liess, wo keine waren. Sie vergrösserte ihm die kleinste Widerwärtigkeit ins Unendliche und erschwerte ihm vollends den Verkehr mit den Menschen.

Seine Werthsachen hielt er dergestalt versteckt, dass trotz der lateinischen Anweisung, die sein Testament dazu gab, Einzelnes nur mit Mühe zu finden war. Keine Aufzeichnung, die sein Vermögen und seine häusliche Oekonomie betraf, vertraute er der Landessprache an; er führte sein Rechnungsbuch englisch und bediente sich bei wichtigen Geschäftsnotizen des Lateinischen und Griechischen. Um sich vor Dieben zu schützen, wählte er täuschende Aufschriften, verwahrte seine Werthpapiere als Arcana medica, die Zinsabschnitte besonders, in alten Briefen und Notenheften und sein Gold unter dem Tintenfasse im Schreibpult. Nie vertraute er sich dem Scheermesser eines Barbiers an; auch führte er stets ein ledernes Schiffchen bei sich, um beim Wassertrinken in öffentlichen Lokalen nicht der Ansteckung preisgegeben zu sein. Die Spitzen und Köpfe seiner Tabakspfeifen nahm er nach jedesmaligem Gebrauche unter Verschluss. Aus Furcht vor dem Scheintode verordnete er, dass seine Leiche über die gewöhnliche Zeit hinaus offen beigesetzt werden solle. In Vertragsverhältnissen fürchtete er in der Regel betrogen zu werden. Bacon's Satz, dass aller Argwohn auf Unwissenheit beruhe, verwarf er und dachte mit Chamfort:

der Weisheit Anfang sei die Furcht vor den Menschen.
Demosthenes habe recht, wenn er sage: Wälle und Mauern
seien eine gute Schutzwehr, die beste aber sei die
ἀπιστία. Nach dem Wahlspruche des Bias: οἱ πλεῖστοι
ανϑρωποι κακοι, die meisten Menschen sind schlecht,
nach den Maximen Leopardi's: „l'impostura è anima della
vita sociale" und „il mondo è una lega di birbanti contro
gli uomini da bene, e di vili contro i generosi", dachte
und handelte er nicht allein, sondern er lieh denselben
gelegentlich auch ungescheut Worte. Dass er damit
häufig Anstoss erregte, das Ehrgefühl manches ehrlichen
Menschen, mit dem er in Berührung kam, empfindlich
verletzte und sich Gegenstösse unsanfter Art zuzog,
vermochte ihn nicht zu bekehren. Vergebens hatte ihn
Chamisso in Berlin einst gewarnt, den Teufel nicht zu
schwarz zu malen, ein gutes Grau sei ausreichend; die
Wurzeln des Misstrauens reichten zu tief in sein unver-
äusserliches Wesen, seinen Willen hinab, zusammen-
hängend mit jenem exorbitanten Fremdlingsgefühl, dem
unsäglichen Heimweh, das er in diese Welt mitgebracht
und das ihm von Jahr zu Jahr die Brust mehr be-
klemmte.

Derselbe Mann, der als obersten Satz der Moral
lehrte: Tat-twam asi, d. i. der beste Mensch sein heisst
zwischen sich und den andern den wenigsten Unterschied machen, der schlechteste, den meisten — hatte
das Schicksal, von der Wiege bis zum Grabe die tiefe

unerschütterliche Ueberzeugung durch sein Leben zu tragen, dass ihn Sternenweiten von denen trennten, mit denen er leben, die er lieben sollte. Dieses wunderbare Heimweh des Genius, welchem vor unserm Philosophen zwei deutsche Dichter, Schiller und Hölderlin, in unnachahmlichen Weisen, besonders aber in „Ideal und Leben" und in dem ergreifenden „Schicksalslied Hyperion's" Sprache verliehen, findet sich hier, bei dem deutschen Denker theoretisch begründet und praktisch dargestellt. Es ist der Angelpunkt seiner Lehre wie seines Lebens, und gleichwie die erstere keine ausgeführte Heilsordnung, kein neues Testament hat, so fehlt auch dem letzteren die Positive, die „siegreiche Vollendung". In der Negative aber steht er als Denker und Dulder zu erhaben über dem vulgus profanum unserer optimistischen Kleinhändler, als dass es diesen jemals gelingen könnte, seinen Werth in ihren eigenen Staub hinabzuziehen. Mit dem Vertrauen auf die Welt und die Menschen hatte er allerdings auch den unbefangenen Blick auf dieselben verloren und seine Hülflosigkeit sich mit den Erscheinungen zurecht zu setzen, wuchs in dem Maasse, in dem all sein Sinnen und Denken sich auf das Wesen derselben zu spannen bemüht war; hier aber sei das Wort des römischen Epigrammatikers *) angerufen, das ich an die Spitze dieses Buches

---

*) Martial, Lib. I, epigr. 22.

gestellt habe und welches schon Helvetius *) in gleichem
Sinne verwendet, si non errasset, fecerat minus! **)
Hätte sein Geist nicht die Schwächen und Mängel gehabt, die er hatte, so würde er auch ohne Zweifel in
seiner Stärke nicht so excellirt haben, wie er gethan.
Dies ist nun einmal das Loos unvollkommener, im Irrthum strebender und im Streben irrender Geister, dass
ihre Kraft nach der einen Seite nothwendig Abbruch
leidet, wenn sie nach der andern über das mittlere
Maass hinaus wächst. Daher scheint alle menschliche
Genialität durch einen unvermeidlichen Excess bedingt,
der sie für das Leben in dieser Welt so wenig ge-
schickt macht, dass die grossen Dichter fast immer
unglücklich und die grossen Denker fast immer menschenscheu gewesen sind.

Schopenhauer hatte dessen vor sich selbst kein
Hehl. Nicht selten klagte er, dass er so viele und
schöne Gelegenheit, sein Leben zu fördern, habe unbenutzt liegen lassen und dass er doch nicht anders
gekonnt hätte. Wenige Zeit vor seinem Tode erzählte
er mir lächelnd, dass er Jemanden auf dem Bahnkörper
der städtischen Verbindungsbahn habe gehen sehen, wo
er auch gern gegangen wäre, wenn ihn nicht eine

---

*) De l'Esprit, Disc. III, Ch. 7.
**) So sagt auch Goethe von sich', Werke Bd. 8, S. 83:
„Ohne jene Verrücktheit
Wär' ich nicht so weit gekommen.“

Warnungstafel zurückgeschreckt hätte, die es verbot,
und als er den Fremden gefragt, wie dieser es wagen
könne, derselbe ihm erwidert habe: „wenn ich so
ängstlich wäre, wie Sie, hätte mich längst der Teufel
geholt". Und mich, wenn ich nicht so wäre! versetzte
er ohne Bedenken.

Wie der Knabe in dies Leben hineinsah, mit dem
erstaunten Blick auf das durch Hunger und Geschlechts-
lust erhaltene Getriebe dieser Welt *); wie der Jüngling ihr scheu entgegentrat, seine eigene innere Welt
verbergend; wie der Mann ihr fremd und feindlich
gegenüber stand — a vulgo longe longeque remotus,
solutus omni foenore; wie der Greis endlich sie tief
unter sich erblickte und sein feuriges klares Auge in
stolzer Resignation erkaltete — dies müsste man darstellen können, die trübselige Einsamkeit, die grenzenlose
Oede seines Daseins, die unsägliche Menschenverachtung, die Härte des Stolzes, mit dem er sein Herz,
wie mit einem Panzer umgab, der es selbst zu verhärten
drohte, ethisch verständlich zu machen und dem Charakter des Mannes vor der Welt den Platz zu wahren,
der ihm gebührt.

Die ausserordentliche Schwierigkeit einer solchen
Aufgabe lässt mich nicht hoffen, sie dadurch zu lösen,
dass ich die einzelnen Züge seiner Sinnesart, wenn-

---

*) Vergl. Schiller's Gedicht „Die Weltweisen."

schon zumeist mit seinen eigenen Worten, wie ich sie von ihm in ernsten Stunden überkommen habe, hier zusammenstelle; vielmehr bin ich mir klar bewusst, ihn dadurch in den Augen aller Gescheidten und „Vernünftigen" noch mehr blosszustellen und herabzusetzen als er dies selbst schon durch seine Schriften gethan hat. Aber ich habe Denen gegenüber, deren Einsicht der Grösse seines Geistes gewachsen ist und die zu einem ethischen Urtheil mehr mitbringen als das Handwerkszeug, welches man ihnen auf die Schulbank gelegt, eine Pflicht zu erfüllen und eine Schuld abzutragen, die er selbst, der Natur der Sache nach, im Leben nicht ganz abtragen konnte, ohne dem Neide und der Gemeinheit vollends die Waffen gegen sich auszuliefern.

Dem Knabenalter kaum entwachsen, hatte er seine Stellung in dieser Welt und zu derselben bereits deutlich genug erkannt, um auf seine Lebensführung jenes Wort Chamfort's anzuwenden: „Il y a une prudence superieur à celle qu'on qualifie ordinairement de ce nom, elle consiste a suivre hardiment son charactère, en acceptant avec courage les désavantages et les inconvénients qu'il faut produire." Derselbe energische Instinkt, mit dem sein forschender Geist, unbekümmert um Alles, was sich ihm entgegenstemmte, um die zähe Stumpfheit des gemeinen Menschenverstandes wie um den Gegenstrom der Modephilosophie seiner Zeit, ja mehr noch um den Zeitgeist selbst, den Punkt traf und festhielt, von dem aus das Räthsel des Daseins ihm begreiflich und die archimedeïsche Kunst, die Welt zu bewegen, ohne Selbstbetrug möglich wurde — derselbe Instinkt war es, der seine Handlungen leitete. Wegen der moralischen Dignität derselben war ihm dabei nicht bange; denn mit Polonius, dessen Reisesegen an Laertes ihm auf seiner Lebensreise als Talisman diente, dachte er:

> This above all, — to thine own self be true;
> And it must follow, as the night the day,
> Thou canst not then be false to any man.

Als einst seine Mutter bei einem Freunde bitter über ihn klagte, musste sie doch zugleich bekennen: „Wahrheitsliebe ist seine grösste Tugend: nie habe ich eine Lüge aus seinem Munde gehen hören". Bei Gott, ein schönes Zeugniss für den Philosophen!

Aber im Verkehr mit den Menschen lernte er bald dem Grundsatz folgen: It's safer trusting fear than faith. Dann ermahnte er sich, immer eingedenk zu sein, dass er sich nicht in seiner Heimath, nicht unter Wesen seines gleichen befinde; sondern durch ein hartes sonderbares und nur durch Erkenntniss zu erleichterndes Schicksal unter denen leben müsse, die ihm fremder seien als dem Europäer die Chinesen, unter den Vögeln, den bipedes, den hombres che no lo son. Die Erkenntniss des Plautischen homo homini lupus, Anderen zufällig, beruhte bei ihm auf einem nothwendigen Instinkt. Und wie man gefährliche Bestien wohl fürchtet, aber nicht hasst, so hielt er es mit den Menschen. Nicht μισανθρωπος sondern καταφρονανθρωπος wollte er sein. Um die, welche es verdienen, d. h. fünf Sechstel der Menschheit nach Verdienst verachten zu können, sei die erste Bedingung, dass man sie nicht hasse, also müsse man keinen Hass in sich aufkommen lassen; denn was man hasse verachte man nicht ganz. Das sicherste · Mittel hinwiederum gegen den Menschenhass sei eben die Menschenverachtung; aber eine recht gründliche, das Resultat einer ganz deutlichen und klaren Einsicht in die unglaubliche Kleinlichkeit ihrer Gesinnung, die enorme Beschränktheit ihres Verstandes und den gränzenlosen Egoismus ihres Herzens, daraus schreiende Ungerechtigkeit, blasser Neid und Bosheit, bisweilen bis zur Grausamkeit hervorgehen: das Alles mit reichlichen Belegen aus dem Leben, der Geschichte und Literatur.

Schon mit dreissig Jahren war er es herzlich müde, Wesen für seines gleichen ansehen zu müssen, die es wahrhaftig nicht seien. So lange die Katze jung sei, spiele sie mit Papierkügelchen, weil sie solche für lebendig, für etwas ihr selber ähnliches halte; aber wenn sie älter geworden, wisse sie was es sei und lasse es liegen. So sei es ihm mit den bipedes gegangen. Similis simili gaudet: um von den Menschen geliebt zu sein, müsste man ihnen ähnlich sein; das aber hole der Teufel! Was sie zusammenbringe und zusammenhalte, sei ihre Gemeinheit, Kleinheit, Plattheit, Geistesschwäche und Erbärmlichkeit. Daher sei sein Gruss an alle bipedes: pax vobiscum, nihil amplius! Der Mensch edlerer Art glaube in seiner Jugend, die wesentlichen und entscheidenden Verhältnisse und daraus entstehenden Verbindungen zwischen Menschen seien die ideellen, die auf Aehnlichkeit der Gesinnung, der Denkungsart, des Geschmacks, der Geisteskräfte beruhenden; allein er werde später inne, dass es die reellen sind, d. h. die, welche sich auf irgend ein materielles Interesse stützen. Diese liegen fast allen Verbindungen zum Grunde: sogar habe die Mehrzahl der Menschen keinen Begriff von andern Verhältnissen. *) Je höher also Einer geistig stehe, desto gemeiner müssten ihm die Menschen vorkommen, so gewiss wie, wenn vom Fuss des Thurmes bis zur Spitze 300 Fuss seien, von der Spitze bis zum Fusse ebenso viel sein werden.

Die meisten Menschen verglich er den Rosskastanien, die das Aussehen der ächten haben, aber durchaus ungeniessbar seien. So heisse es im Kural des Tiruvalluver: „das gemeine Volk sieht aus wie Menschen; ich habe nie etwas dem Menschen so Aehnliches gesehen!“ Sehr Viele seien ein Amalgam von Schlechtig-

---

*) Parerga, Bd. 1, S. 432.

keit und Dummheit, die daher in ihnen schwer zu
unterscheiden seien. Der englische Ausdruck „a dull
scoundrel" bezeichne sie am besten. Goethe, sagte
er, schrieb mir ganz seinem Charakter gemäss ins
Stammbuch:

> Willst du dich deines Lebens freuen,
> So musst der Welt du Werth verleihen;

ich aber dachte lieber mit Chamfort: Il vaut mieux
laisser les hommes pour ce qu'ils sont, que les prendre
pour ce qu'ils ne sont pas. Und französisch weiter
denkend fügte er hinzu: Rien de si riche qu'un grand
soi même! Fast jeden Contact mit Menschen hielt er
in seinem reiferen Alter für eine contamination, ein
defilement Sie seien so beschaffen, dass wer im
Laufe seines ganzen Lebens am wenigsten mit ihnen
sich zu thun gemacht habe, der Weiseste gewesen
sei. Goethe habe das Gegentheil deplorirt, bei Eckermann. Man müsse durchdrungen sein von der Ueberzeugung und sie stets gegenwärtig haben, dass man
heruntergekommen sei in eine Welt, die von moralisch
und intellectuell erbärmlichen Wesen bevölkert sei, zu
denen man nicht gehöre, deren Gemeinschaft man daher
auf alle Weise zu meiden habe: man solle sich ansehen
und benehmen wie ein Brahmine unter Sudra's und
Paria's. Die wenigen Besseren solle man, je nachdem
sie es seien, schätzen und ehren. Zur Belehrung der
Uebrigen, nicht zur Gemeinschaft mit ihnen sei man

geboren. Man müsse sich gewöhnen, sie als eine uns fremde Species anzusehen, die nur der Stoff unseres Wirkens sei. Ueber ihre moralisch und intellectuell elende Beschaffenheit solle man täglich meditiren und sich vorhalten, dass man ihrer nicht bedürfe und ihnen fern bleiben könne. Da der Schlechteste und Geringste doch noch in vielen Stücken, nämlich physischen und moralischen, unseres gleichen sei, werde er immer suchen diese in den Vordergrund zu bringen und das wodurch wir besser seien zur Nebensache zu machen. Und da sie nur Macht und Gewalt achten, müsse man sie entweder unschädlich machen oder meiden können. Wegen des Neides der menschlichen Natur sei es nicht anders möglich, als dass die, welche geistlos und stumpf seien, einen geheimen Widerwillen hegen gegen die geistig Hochgestellten, die Schlechten und Verworfenen gegen die Rechtschaffenen und Edelen, wenn sie auch bisweilen Vortheil und Kurzweil von diesen Gegenständen ihres geheimen Grolles einernteten und solche deshalb temporär suchten. Ebenso müssten die, welche den Edelmuth der Gesinnung oder den Grad der Klarheit der Intelligenz, die sie selbst besitzen, stets vergeblich suchten, nothwendig endlich anfangen, sie im Stillen zu verachten. Darauf beruhe die zwiefache Isolation jedes Vortrefflichen, dessen Ueberlegenheit der bipes, wenn er sie bemerkt habe, so instinktmässig dissimulire, wie ein Insect sich todt stelle; denn er dissimulire sie sich selber.

Es war ihm aus der Seele geschrieben, was er in einem Briefe des jungen Goethe an Frau von Stein fand: „Die eisernen Reifen, mit denen mein Herz eingefasst ist, treiben sich täglich fester an, sodass endlich gar nichts mehr durchrinnen wird. So viel kann ich sagen: je grösser die Welt, desto garstiger die Farce, und ich schwöre, keine Zote und Eselei der Hanswurstiaden ist so eckelhaft als das Wesen der Grossen, Mittleren und Kleinen durcheinander. Ich habe die Götter gebeten, dass sie mir meinen Muth und Gradsinn erhalten wollen bis ans Ende und lieber das Ende mögen verrücken, als mich den letzten Theil des Zieles lausig hinkriechen lassen. Ich bete die Götter an und fühle doch Muth genug, ihnen ewigen Hass zu schwören, wenn sie sich gegen uns betragen wollen wie die Menschen." *) Schopenhauer sah in diesem mehr ästhetischen Widerwillen sogar seinen Vortheil: denn wenn man die äusserlichen Widerlichkeiten der Menschen in Physiognomien und Manieren beim ersten Anblick recht lebhaft empfinde, so werde man von der näheren Bekanntschaft abgehalten, was in den meisten Fällen reiner Gewinn sei. Die Menschen seien wie sie aussehen: und etwas viel Schlimmeres könne man von ihnen

---

*) Brief aus Berlin 1778, Bd. 1, S. 169.

nicht sagen. Man möge nur die Gesichter betrachten, an die man noch nicht gewöhnt sei, und man werde sich oft schämen ein Mensch zu sein. Es sei immer verwirrend und oft gefährlich, wenn Erscheinung und Wirklichkeit weit von einander abständen: deshalb liebe er es, wenn die Welt seinem Auge so öde erscheine, wie sie es seiner Vernunft sei.

Sehen wir aber, wie seine Lehre ihm selbst vorhält, dass er in Allem, was dem Willen also dem Wesen angehöre, sich nicht von den Andern unterscheide, und wie er doch zugleich, ja gerade deshalb sein ideales, sein intellectuelles Leben als den werthgebenden, unsterblichen Theil seiner selbst betrachtete, so sind wir hier bestimmter als irgendwo auf das eigentliche Deficit seiner Philosophie sowohl als seines Charakters hingewiesen, welches er mit der von ihm verachteten Schelling-Hegel'schen Weltanschauung gemein hat: die Verkennung des persönlichen Geistes. Bei der Betrachtung seiner Lehre ist hierauf zurückzukommen; hier steht nur sein Charakter in Frage und es leuchtet ein, wie ihm die eigene Lebensaufgabe sowohl als seine Stellung zu den Menschen durch die Unterschätzung des individuellen Willens verdunkelt wurde. Wenn wir, was er über den Werth seines Lebens fühlte und dachte, unter den rein ethischen Gesichtspunkt bringen, so vermissen wir die sonst an ihm gewohnte Klarheit. Geist und Genie, die er über Alles suche und liebe, seien es, sagte er, die ihn vom grossen Haufen, der dieselben fliehe und hasse, unterscheiden. Es fragt sich aber, was dem Genie seinen realen Inhalt giebt. Die Erkenntniss an sich kann es nicht sein, denn sie gehört der Erscheinung an; vielmehr die geistige Persönlichkeit selbst, deren Wesen nach ihm „Wille" ist. Aber dieser Wille hat eben nach ihm sein bestes Leben nicht an sich, sondern an der Erkenntniss, die sein Wesen zugleich offenbart und verläugnet.

So wenig als möglich zu wollen und so viel als möglich zu erkennen, sei die leitende Maxime seines Lebenslaufs gewesen; denn der Wille sei das durchweg Gemeine und Schlechte in uns: man solle ihn verbergen wie die Genitalien, obgleich beide die Wurzel unseres Wesens seien. Er nannte sein Leben ein heroïsches, das nicht mit dem Philistermaass oder der Krämerelle zu messen sei, noch überhaupt nach dem Maassstab, welcher für das der gewöhnlichen Menschen gehöre, die kein anderes Dasein haben, als das des auf die kurze Spanne Zeit beschränkten Individuums; er dürfe sich also nicht dadurch betrüben, dass er bedenke, wie ihm abgehe, was zu einem regelmässigen Lebenslaufe des Individuums gehöre, Amt, Haus, Hof, Weib und Kind. Ihr Dasein gehe in dergleichen auf; sein Leben aber sei ein intellectuelles, dessen ungehinderten Fortgang und ungestörte Wirksamkeit in den wenigen Jahren der vollen Geisteskraft und ihrer freien Anwendung Früchte tragen müsse, Jahrhunderte der Menschheit zu bereichern. Für dieses intellectuelle Leben sei sein persönliches bloss die Basis, die conditio sine qua non, also etwas ganz Untergeordnetes. Je schmaler diese Basis, desto sicherer: wenn sie leiste, was sie in Bezug auf sein intellectuelles Leben sollte, so sei ihr Zweck erreicht. Der Instinkt, welcher dem beigegeben sei, dessen Dasein intellectuelle Zwecke habe, sei auch ihm ein sicherer Führer gewesen, so dass er die persönlichen Zwecke ausser Acht gelassen und Alles auf sein geistiges Dasein bezogen habe. Darum könne es ihn auch nicht wundern, wenn sein persönlicher Lebenslauf unzusammenhängend und in sich planlos aussehe: er gleiche der Ripienstimme in der Harmonie, die in sich auch keinen Zusammenhang haben könne, weil sie nur zur Unterlage der Hauptstimme diene, in welcher der Zusammenhang liege. Was seinem persönlichen Leben nothwendig abgehen müsse, werde ihm auf andere Weise ersetzt, durch den vollen Genuss seines Geistes und Strebens nach der angeborenen Richtung sein ganzes Leben hindurch; ja wenn er es besässe, würde es ihm ungeniessbar und hinderlich sein. Einen Geist, der von selbst gebe und leiste, und zwar das, was kein Anderer so geben und leisten könne und was eben darum bestehen und bleiben werde — einen solchen zwingen zu wollen zu andern Dingen, überhaupt ihm Zwangsdienste aufzulegen und da-

dadurch ihn von seinen freiwilligen Gaben abzuhalten, wäre grausam und thöricht zugleich.

Der mächtige Unterschied zwischen seinesgleichen und den Andern beruhe grossentheils darauf, dass erstere ein dringendes Bedürfniss haben, welches die Andern nicht kennen, ja dessen Befriedigung ihnen verderblich sein würde: das Bedürfniss der freien Musse zum Denken und Studiren, welches sogar den moralischen Maassstab zur Beurtheilung von Menschen seines gleichen ändere; wennschon der sterbende Perikles Recht habe, dass zuletzt kein Verdienst in die Waagschale falle gegen ein böses Gewissen. Mit den Alten, mit Sokrates und Aristoteles *) hielt er daher die Musse für das höchste Erdengut. Wenn ein Mensch so wie er geboren sei, bleibe von Aussen nur dies Eine zu wünschen, dass er so viel als möglich seine ganze Lebenszeit hindurch, und jeden Tag und jede Stunde er selbst sein und seinem Geiste leben könne.

Aber schwer sei die Erfüllung dieser Forderung in einer Welt, wo des Menschen Loos und Bestimmung ganz andere seien, wo zwischen Armuth, die uns alle freie Musse nehme, und Reichthum, der auf jede Weise sie zu verderben und uns abzuziehen trachte, wie zwischen Scylla und Charybdis durchzusteuern sei. Von der Natur bestimmt sei des Menschen Loos: Tages

---

*) Diog. Laert. II, 31. Arist. Eth. Nic. X, 7, p. 1177, b, 4.

Arbeit, Nachts Ruhe und wenig Musse, und des Menschen Glück: Weib und Kind, die sein Trost seien im Leben und Sterben. Wo aber eine abnorme Beschaffenheit grosse geistige Bedürfnisse und mit diesen die Möglichkeit grosser geistiger Genüsse herbeiführe, da werde freie Musse zur Hauptbedingung des Glücks, für welche sodann dem normalen Menschenglück durch Weib und Kind willig entsagt werde. Das Individuum dieser Art gehöre einer andern Sphäre an. Allein zur Befriedigung dieser veränderten Forderung seien äussere Umstände der Art, wie sie schon sehr selten eintreten, die Bedingung. Hier müsse ein günstiges Schicksal walten, um einer ausserordentlichen Natur ausserordentliche Umstände zu bereiten. Da trete denn ein, was der neunzigjährige Knebel in Erfahrung gebracht habe: dass in dem Leben der meisten Menschen sich ein gewisser Plan findet, der durch die eigene Natur sowohl als durch die Umstände, die sie führen, ihnen gleichsam vorgezeichnet ist; die Zustände ihres Lebens mögen noch so abwechselnd und veränderlich sein, es zeigt sich doch am Ende ein Ganzes, das unter sich eine gewisse Uebereinstimmung bemerken lässt. Die Hand eines bestimmten Schicksals, so verborgen sie auch wirken mag, zeigt sich: sie mag nun durch äussere Wirkung oder innere Regung bewegt sein; ja, widersprechende Gründe bewegen sich oft in ihrer Richtung.*)

---

*) Knebel, Liter. Nachlass, Bd. 3, S. 452.

Eine solche höhere Leitung kennzeichnet das Leben Schopenhauer's in prägnanter Weise.

Schon in früher Jugend hatte er an sich bemerkt, dass während er alle Anderen nach äusseren Gütern streben sah, er sich nicht darauf zu richten hätte, weil er einen Schatz in sich trüge, der unendlich mehr Werth hätte als alle äusseren Güter und dass es nur darauf ankäme, diesen Schatz zu heben, wozu geistige Ausbildung und volle Musse, mithin Unabhängigkeit die ersten Bedingungen wären. Das Bewusstsein hiervon, im Anfang dunkel und dumpf, wurde ihm mit jedem Jahre deutlicher, und war alle Zeit hinreichend, ihn vorsichtig und ökonomisch zu machen, nämlich seine Sorgfalt auf die Erhaltung seiner selbst und seiner Freiheit zu richten, nicht auf irgend ein äusseres Gut. Der Natur und dem Rechte des Menschen entgegen habe er seine Kräfte dem Dienste seiner Person und der Förderung seines Wohlseins entziehen müssen, um sie dem Dienste der Menschheit zu schenken. Sein Intellect habe nicht ihm, sondern der Welt angehört. Die Empfindung dieses Ausnahmezustandes und der durch ihn herbeigeführten schweren Aufgabe, zu leben ohne seine Kräfte für sich selbst zu verwenden, habe ihn stets gedrückt und noch besorglicher und ängstlicher gemacht, als er schon von Natur gewesen sei; aber er habe es durchgeführt, die Aufgabe gelöst, seine Mission vollbracht. Aus diesem Grunde sei er auch berechtigt gewesen, sorgfältig darauf zu wachen, dass ihm die Stütze seines väterlichen Erbtheils, die ihn so lange habe tragen müssen und ohne welche die Welt nichts von ihm gehabt hätte, auch im Alter bleibe. Kein Amt in der Welt, keine Minister- oder Gouverneurstelle hätte ihn entschädigen können für seine freie Musse, wie sie ihm von Haus aus oktroyirt worden sei.

Die Wichtigkeit des intellectuellen unsterblichen Menschen in ihm sei so unendlich gross gewesen gegen die des Individuums, dass er, wenn auch noch so viele persönliche Sorgen auf ihm gelastet, sie sogleich habe fahren und verschwinden lassen, sobald ein philosophischer Gedanke sich geregt habe: denn ein solcher sei ihm immer voller Ernst gewesen und alles Andere dagegen Spass. Das sei der Adels- und Freibrief der Natur. Das Glück der gewöhnlichen Menschen bestehe in der Abwechselung zwischen Arbeit und Genuss; bei ihm dagegen seien beide Eines. Deshalb sei das Leben von Menschen seiner Art nothwendig ein Monodrama. Missionarien der Wahrheit an das Menschengeschlecht, wie er, werden, nachdem sie sich begriffen, mit den Menschen sich ausser ihrer Mission so wenig gemein machen, als die Missionäre in China mit den Chinesen fraternisiren. Einem Menschen wie ihm sei, besonders solange er jung sei, in allen Lebensverhältnissen beständig zu Muthe wie Einem, der in Kleidern stecke, die ihm nicht passen.

Was seine Ansprüche betreffe, so würden sie die, welche im Stande seien, das worauf sie sich gründen, zu fühlen, gelten lassen, weil sie ihr Interesse nicht angingen und das Fühlen und Geltenlassen ihnen intellectuell und moralisch Ehre mache: jedoch würden sie bei alle dem sie bloss unter der Bedingung gelten lassen, dass er's als ein Geschenk nehme, etwa so wie man unter Quittungen „zu Dank empfangen“ setze, obgleich es verfluchte Schuldigkeit war, oder wie ein bittendes Plaudite am Ende der Stücke des Plautus stehe. Er dürfe also nie mehr Prätensionen machen als jeder Andere: denn die Leute fussen darauf, dass kein äusserer Zwang sie gegen ihn verpflichte, und würden ihm dieses zeigen, sobald er nicht ihnen zeige, dass er es wisse. Ihnen sei die Scheu vor Herabsetzung (despectio) natürlich, und Jeder sehe darauf, dass ihn die Uebrigen nicht für geringer als sich selbst achten. Sie halten fest daran: par sum unicuique et moriatur qui me contemnit! Von dieser Sorge sei er frei, und von der Natur so angelegt, dass Alle, die nicht den Besten zugezählt sein wollten, ihn nothwendig mit Misstrauen (suspectio) betrachten müssten. Er halte fest daran: Contemnite me, si potestis, vestro periculo, non meo! So forderte er die Welt heraus und sie nahm die Herausforderung an, ihm die Wahrheit des

Helvetius einschärfend: Il n'y a pas de dette plus fidèlement acquitée que le mépris.

Diesem einsamen Selbstgenügen mehr und mehr innere Ueberzeugungskraft zu verleihen, war sein Geist unermüdlich thätig. Er betrachtete sein Leben und dasjenige verwandter Geister, wie Giordano Bruno's, Petrarca's, Machiavell's, Labruyère's, Helvetius', Rochefoucauld's, Rousseau's, Chamfort's, Lord Byron's, Leopardi's u. a. stets wiederholt und von allen Seiten, um in unzähligen Wendungen immer wieder auf denselben Schluss zurückzukommen.

Sobald er zu denken angefangen, habe er sich mit der Welt entzweit gefunden. Im Jünglingsalter sei ihm dabei oft bange geworden; denn er habe gemuthmasst, dass das Recht bei der Majorität sein werde. Helvetius habe ihn zuerst aufgerichtet. Dann, nach jedem neuen Conflict, habe die Welt mehr verloren und er mehr gewonnen. Schon nach zurückgelegtem vierzigsten Jahre habe es ihm geschienen, dass er den Process in letzter Instanz gewonnen habe, und er habe sich höher gestellt gefunden, als er je zu muthmassen gewagt: aber die Welt sei ihm leer und öde geworden. Sein ganzes Leben hindurch habe er sich schrecklich einsam gefühlt und stets aus tiefer Brust geseufzt: „Jetzt gieb mir einen Menschen!" Vergebens. Er sei einsam geblieben. Aber er könne aufrichtig sagen, es habe nicht an ihm gelegen: er habe Keinen von sich gestossen,

Keinen geflohen, der an Geist und Herz ein Mensch gewesen wäre: nichts als elende Wichte, von beschränktem Kopf, schlechtem Herzen, niedrigem Sinn habe er gefunden; Goethe, Fernow, allenfalls F. A. Wolf und wenige Andere ausgenommen, die sämmtlich fünfundzwanzig bis vierzig Jahre älter als er gewesen seien. Demnach habe allmählich der Unwille über Einzelne der ruhigen Verachtung des Ganzen Platz machen müssen. Früh sei ihm der Unterschied zwischen ihm und den Menschen bewusst geworden; aber er habe gedacht: lerne nur erst hundert kennen und du wirst deinen Mann schon finden; dann: aber unter tausend wirst du's; dann: zuletzt muss er doch kommen, wenn auch nur unter vielen Tausenden. Endlich sei er zu der Einsicht gelangt, die Natur sei noch unendlich karger, und er müsse die „solitude of Kings" (Byron) mit Würde und Geduld tragen.

Ja, als noch die Jugend seiner Phantasie die Welt mit Wesen seinesgleichen bevölkert, habe er einige Anlage zur Geselligkeit gehabt, und als er, nach mehrjähriger Abwesenheit, nach seiner zweiten italienischen Reise, nach Dresden und Berlin zurückgekommen sei, habe ihn alle Welt wunderbar verändert gefunden, so gross sei vorher seine Melancholie gewesen, als noch der natürliche Trieb zur Geselligkeit, die Lust sich mitzutheilen und das gefühlte Bedürfniss zu erlangender Erfahrung dem Eckel an den Menschen das Gleichgewicht gehalten. Mit dem Uebergang ins Mannesalter habe die erlangte Erfahrung diese abtreibende Kraft verstärkt und jene geschwächt. Von da ab habe er allmählich ein „Einsamkeit blickendes Auge" bekommen, sei systematisch ungesellig geworden und habe sich vorgenommen, den Rest des flüchtigen Lebens ganz sich selbst zu widmen und so wenig wie möglich davon mit jenen Geschöpfen zu verlieren, denen der Umstand, dass sie auf zwei Beinen gehen, das Recht gebe, uns für ihresgleichen zu halten, oder wenn sie auch, wie meistens, merkten, dass wir es nicht seien, dies klüglich zu ignoriren und uns als ihresgleichen zu behandeln: während wir, zu der alten Betrübniss, dass sie es nicht seien, noch den Schmerz des Unrechtleidens empfinden müssten.

In einer Welt, wo wenigstens fünf Sechstel Schurken oder Narren und Dummköpfe seien, müsse für Jeden des übrigen Sechstels, und zwar um so mehr, je weiter er von den Andern abstehe, die Basis seines Lebenssystems Zurückgezogenheit sein, je weiter desto besser. Die Ueberzeugung, dass die Welt eine Einöde sei, in der man nicht auf Gesellschaft zu rechnen habe, müsse zur Empfindung und habituell werden. Wie die Wände den Blick einengen, der sich wieder ausdehne, wenn er nur Feld und Flur vor sich habe, so enge die Gesellschaft seinen Geist ein und die Einsamkeit dehne ihn wieder aus. Giordano Bruno sage von dem, der die Wahrheit suche und erreiche, er werde aus einem vulgären, gewöhnlichen, civilen und populären Menschen ein Wilder, gleich einem Hirsche oder Wüstenbewohner, und Alle, die hienieden ein höheres Leben hätten geniessen wollen, sprächen mit Einer Stimme: Ecce elongavi fugiens et mansi in solitudine. Denn die Beschäftigung mit göttlichen Dingen machte sie todt für die Menge. *) Ebenso habe Kleist gesagt und Schiller belobt:

Ein wahrer Mensch muss fern von Menschen sein.

In einer so durchweg gemeinen Welt werde nothwendig jedes Ungemeine sich isoliren und habe es auch gethan. Je mehr man sich der Gesellschaft der Menschen entschlagen könne, desto besser befinde man sich. Wie der Hungrige ein unessbares oder gar giftiges Kraut stehen lasse, so müsse es, wer das Bedürfniss der Gesellschaft fühle, mit den Menschen, wie sie seien, machen. Ein seltenes und grosses Glück sei es daher, an sich selber so viel zu besitzen, dass man nicht durch Ueberdruss seiner selbst und durch Langeweile getrieben werde, die Gesellschaft der Menschen zu suchen, von denen selbst der edle sanfte Petrarca sage: Non enim vile tantummodo foedumque, sed (quod invitus dico, quodque utinam non tam late notum experientia fecisset, assidueque faceret,) perniciosum quoque, varium

---

*) Opere, da A. Wagner, Vol. II, p. 408.

et infidum et anceps et ferox et cruentum animal est homo! *)

Bei Anwandlungen von Unzufriedenheit bedenke er stets, was es heisse, dass ein Mensch, wie er, sein ganzes Leben der Ausbildung seiner Anlagen und seinem angeborenen Berufe leben könne und wie viele Tausend gegen Eins waren, dass das nicht anging und er sehr unglücklich geworden wäre. Wenn er zu Zeiten sich unglücklich gefühlt, so sei dies mehr nur vermöge einer méprise, eines Irrthums in der Person geschehen, er habe sich dann für einen Andern gehalten, als er sei, und nun dessen Jammer beklagt: z. B. für einen Privatdocenten, der nicht Professor wird und keine Zuhörer hat, oder für Einen, von dem dieser Philister schlecht redet und jene Kaffeeschwester klatscht, oder für den Beklagten in jenem Injurienprozesse, oder für den Liebhaber, den jenes Mädchen, auf das er capricirt ist, nicht erhören will, oder für den Patienten, den seine Krankheit zu Hause hält, oder für andere ähnliche Personen, die an ähnlichen Misèren laboriren: das Alles sei er nicht gewesen, das Alles sei fremder Stoff, aus dem höchstens der Rock gemacht gewesen sei, den er eine Weile getragen und dann gegen einen andern abgelegt habe. Wer aber sei er denn? Der, welcher die Welt als Wille und Vorstellung geschrieben und

---

*) De vita solitaria, praefat.

vom grossen Problem des Daseins eine Lösung gegeben, welche vielleicht die bisherigen antiquiren, jedenfalls aber die Denker der kommenden Jahrhunderte beschäftigen werde. Der sei er, und was könnte den anfechten in den Jahren, die er noch zu athmen habe?

Was dieser seiner Person von Aussendingen am nächsten liege, so wie das Hemd dem Leibe, sei seine Unabhängigkeit, die nicht zulasse, dass er gezwungen werde zu vergessen wer er sei und die Rolle eines Andern zu spielen, z. B. die eines Brodschreibers oder Professors, dem sein Wissen und Denken das sei, was dem Krämer die Waare, die er zur Schau auslegt, oder die eines vortragenden Raths, oder die eines Hofmeisters.

Zu allen Zeiten habe es bei den gebildeten Nationen eine Art natürlicher Mönche gegeben, Leute, die im Bewusstsein überwiegender Geisteskräfte, die Ausbildung und Uebung derselben jedem anderen Gut vorzögen und daher ein contemplatives, geistig thätiges Leben führten, dessen Früchte nachmals der Menschheit zu gut kämen. Sie entsagten demgemäss dem Reichthum, dem Erwerb, dem irdischen Ansehn, dem Besitz eigener Familie: so bringe es das Compensationsgesetz mit sich. Dem Range nach die vornehmste Klasse der Menschheit, durch deren Anerkennung sich Jeder selbst ehre, entsagten sie der gemeinen Vornehmigkeit mit einer gewissen äussern Demuth, welche der der Mönche analog sei. Die Welt sei ihr Kloster, ihre Einsiedelei. Was Einer dem Andern sein könne, habe seine sehr engen Grenzen: am Ende sei und bleibe doch Jeder allein. Und nun komme es darauf an; wer allein sei. Wenn er ein König wäre, so würde seiner selbst wegen kein Befehl so oft und so nachdrücklich gegeben werden als: Lasst mich allein! Seinesgleichen sollten unter der Illusion leben, auf einem verödeten Planeten der einzige Mensch zu sein, der nun aus der Noth eine Tugend machte. Die Meisten merkten auch bei der ersten Bekanntschaft mit ihm, dass sie ihm und er ihnen nichts sein könne. Im Besitz eines höheren Grads von Bewusstsein, also eines höheren Daseins, sei, sich den Genuss desselben rein und unverkümmert zu erhalten, und zu diesem Zwecke nichts darüber hinaus zu prätendiren, seine Lebensweisheit. Man habe sonach viel gewonnen, wenn man durch Alter und Erfahrung endlich eine vue nette von der gänzlichen moralischen und intellectuellen Erbärmlichkeit der Menschen im Allgemeinen erhalten habe, weil man nun nicht mehr versucht werde, sich mit ihnen weiter als nöthig einzulassen, nicht mehr beständig in einem Kampf lebe, welcher dem zwischen dem Durst und einer widerlichen Tisane gleiche, nicht mehr sich verleiten lasse, sich selbst Illusion zu machen und die Menschen sich zu denken, wie man sie wünschte, sondern stets vor Augen behalte, wie sie seien. Daher auch hier:

Optimus ille animi vindex laedentia pectus,
Vincula qui rupit dedoluitque semel.

Er habe sich gewöhnt von den Menschen viel zu ertragen, weil er früh eingesehen, dass er es müsste, wenn er irgend mit ihnen umgehen wollte. Aber diese Maxime stamme aus der des Umgangs bedürftigen Jugend; Erfahrung und Reife machten diesen entbehrlich, und es wäre thöricht, ihn dann noch mit grenzenloser Geduld zu erkaufen; vielmehr solle man dann, wie Goethe sage, all das Volk Gott und sich selbst und dem Teufel überlassen. Wenn man nicht ein Spiel in der Hand jedes Buben und der Spott jedes Narren sein wolle, so sei die erste Regel: Zugeknöpft! Was ein Mensch seinesgleichen denke nnd fühle, habe keine Aehnlichkeit mit dem, was jene dächten und fühlten. Darum zieme es ihm unbedingt verschlossen zu bleiben. Der rechte Ton ihnen gegenüber sei Ironie; aber eine völlig unaffectirte, gelassene, sich gar nicht verrathende. Sie dürfe nie direct gegen den gerichtet sein, mit dem man rede. Nicht aus ihr herausgekommen zu sein, betrachte er jedesmal als seinen Sieg. Man müsse sich gewöhnen durchaus Alles, auch das Rasendste ganz gelassen anzugehören, dabei die Bedeutungslosigkeit des Redenden und seiner Meinung erwägen und sich jedes Streits enthalten. Dann werde man nachher mit Selbstzufriedenheit an die Scene zurückdenken. Stets solle man sich den Blick auf das Ganze bewahren: bleibe

man beim Einzelnen stehen, so werde man leicht irre
und gewinne nur eine falsche Ansicht von den Dingen.
Aus dieser oder jener Krümmung eines Flusses könne
man dessen Lauf nie beurtheilen. Den Erfolg oder
Nichterfolg des Augenblicks und den Eindruck, den sie
machen, dürfe man nicht beachten. Aus dem Benehmen
Anderer gegen uns sollten wir nicht etwa erst lernen
und abnehmen, wer wir seien, sondern wer sie seien.
Im letzteren Sinne könnten wir es kalt beobachten, im
ersteren nicht. Wenn Zwei miteinander reden, treibe
gewöhnlich jeder mit dem Andern heimlich einen gewissen Spott. In jedem Augenblicke kalter Vernunft
werde man daher an jeden Augenblick Ironie mit
Triumph, an jede Herzensergiessung mit Beschämung
zurückdenken. Der Lust zu sprechen, bloss um zu
sprechen, sei nie nachzugeben, da die Redseligkeit
zur Offenherzigkeit werde. Man solle doch nur beobachten, wie verschieden das Gesicht sei, das Einer
mache, indem er uns anhöre, von dem, mit welchem
er zu uns spreche. Früh hatte er an sich erfahren,
was Johnson sagt: „Durch nichts bringt Einer die
Leute mehr gegen sich auf, als indem er ihnen seine
Ueberlegenheit in der Unterredung zeigt: sie scheinen
momentan Gefallen daran zu finden; aber ihr Neid
verwünscht ihn im Herzen."

Alle recht frappanten und eclatanten Beispiele von
Schlechtigkeit, Bosheit, Verrath, Niederträchtigkeit, Neid,

Dummheit und Verkehrtheit, die man habe erleben und erdulden müssen, solle man keineswegs in den Wind schlagen, vielmehr als alimenta misanthropiae benutzen, sie sich stets von neuem zurückrufen und vergegenwärtigen, um danach die reelle Beschaffenheit der Menschen stets vor Augen zu haben und sich nicht mit ihnen irgend wie zu compromittiren. Denn man werde finden, dass die, von denen man dergleichen erfuhr, oft schon Jahre lang mit uns umgingen, ohne dass wir ihnen solche Dinge zutrauten, daher es bloss die Gelegenheit gewesen sei, welche ihnen die Auszeichnung verschafft habe. Wenn man anfange sich mit einem Menschen zu familiarisiren, solle man immer bedenken, dass man ihn bei näherer Bekanntschaft wahrscheinlich würde verachten oder hassen müssen.

Einer der Punkte, worin Unerfahrenheit und Weltklugheit sich entgegengesetzt seien, sei, dass jene in ihrem Bewusstsein und bei ihrem Handeln und Reden es im Ganzen nur mit einem allgemeinen und unbestimmten Du zu thun habe, daher ihr Betragen nicht sehr abändere nach Anselm der Person, mit der sie es vorhabe; sondern ihr Vertrauen so ziemlich in gleichem Maasse schenke, in welcher Gestalt auch das Du vor sie hintrete; ferner ihre Behutsamkeit im Verfehlen und Bedecken ihrer eigenen Schwächen und Fehler ebenso in gleichem Maasse anwende, ohne zu bedenken, ob das Du dem zu Gefallen sie sich Gewalt anthut und ihre Natur zwingt, die freundeste flüchtigste Gestalt oder ein bleibender theilnehmender Wächter sei. Weltklugheit dagegen sehe überall auf die Person: die eine sei ihr unbedingten Vertrauens werth, die andere habe nicht einen Groschen Credit: wegen des einen Beobachters lege sie sich jahrelangen Zwang auf und unterdrücke die leiseste Regung des zu Bedeckenden; dem andern tische sie ihre wahre Natur mit grenzenloser Frechheit auf und genire sich keinen Augenblick. Mit diesen und ähnlichen Worten zeichnete er treffend das Bild der meisten Menschen! Je gemeiner diese Klugheit in der menschlichen Gesellschaft ist, desto mehr fällt der Mangel daran auf. Begegnet uns aber jene Unerfahrenheit vollends im reiferen Lebensalter, so sind wir geneigt auf einen hohen Grad von Geistesbeschränktheit zu schliessen, oder aber auf — Genialität. Schopenhauer redet in der That von sich selbst, wenn er sagt: „Dass Leute edlerer Art und höherer Begabung so oft, zumal in der Jugend, auffallenden Mangel an Menschenkenntniss und Weltklugheit verrathen, daher leicht betrogen oder sonst irre geführt werden, während die niedrigen Naturen sich viel schneller und besser in die Welt zu finden wissen, liegt daran, dass man, beim Mangel der Erfahrung, a priori zu urtheilen hat, und dass überhaupt keine Erfahrung es dem a priori gleichthut. Dies a priori nämlich giebt denen vom gewöhnlichen Schlage

das eigene Selbst an die Hand, den Edelen und Vor-
züglichen aber nicht: denn eben als solche sind sie
von den Andern weit verschieden. Indem sie daher
deren Denken und Thun nach dem ihrigen berechnen,
trifft die Rechnung nicht zu."*) Er giebt hier, wie
auch an anderen Stellen den philosophischen Commentar
zu den Worten Hölderlin's in dem wunderbaren Gedichte
„Der Rhein":

> Die Blindesten aber
> Sind Göttersöhne; denn es kennet der Mensch
> Sein Haus, und dem Thier ward, wo
> Es bauen solle, doch jenen ist
> Der Fehl, das sie nicht wissen, wohin?
> In die unerfahrene Seele gegeben.

Was ihm im wirklichen Leben stets und überall im
Wege gestanden habe, sei, dass er bis in späteren
Jahren nicht im Stande gewesen, sich einen aus-
reichenden Begriff von der Kleinlichkeit und Erbärmlichkeit der Menschen zu machen. Eben die Erfahrung
dieses Missverhältnisses seines moralischen und intellectuellen Maassstabes zur Taxirung der Einzelnen führte
ihn allmälich zu der pessimistischen Ansicht von der
Gesellschaft im Ganzen.

Da ihm die Menschen, mit denen er lebte, nichts
sein konnten, so waren die Denkmäler, die zurückge-
lassenen Gedanken der ihm ähnlichen Wesen, die einst

---

*) Parerga, Bd. 1, S. 426. Vergl. Bd. 2, S. 64.

wie er unter jenen sich herumgestossen, sein grösster Genuss im Leben. Ihr todter Buchstabe spreche ihn vertrauter an, als das lebendige Dasein der Zweifüsser. Sei doch dem Ausgewanderten ein Brief aus der Heimath mehr, als das Gespräch der ihn umgebenden Fremden! Spreche doch den Reisenden auf menschenleeren Inseln die Spur der früher Dagewesenen vertrauter an, als alle Affen und Kakadus auf den Bäumen! Dieses Trostes an den hinterlassenen Geisteswerken verwandter Wesen ist er in keiner Stunde seines Lebens überdrüssig geworden; er hat ihn ausgenossen wie vielleicht kein Anderer vor ihm. Was ihm den Umgang mit den Todten besonders versüsste, war der felsenfeste Glaube an seine eigene höhere Bestimmung, das unerschütterliche Bewusstsein, dass er selbst, durch seine Schriften, verwandten Geisteserben den gleichen Dienst leisten werde. Er war dessen gewiss, nicht vergessen zu werden und wahrhaft prophetisch schrieb er gerade in der Zeit, als er völlig vergessen zu sein schien: er dürfe hoffen, „dass die Morgensonne seines Ruhmes mit ihren ersten Strahlen den Abend seines Lebens vergolden und ihm die Düsterkeit benehmen werde." Und als er dieses Ziel wirklich erreicht hatte, sagte er lächelnd: „Wenn man so ein langes Leben in Unbedeutsamkeit und Geringschätzung zugebracht hat, da kommen sie am Schluss mit Pauken und Trompeten und meinen es sei was."

Freilich ist es nichts! Nur von den Erdengütern etwa ist der Ruhm das höchste, als Surrogat für das nicht verwirklichte Ideal der Seele, „der im Leben ihr göttlich Recht nicht ward" *); über das irdische Treiben hinaus hat er keinen Werth. Schopenhauer sprach dies selbst in einer Weise aus, die nicht treffender sein könnte. „Der Ruhm", sagte er, „ist eine Existenz in den Köpfen Anderer, einem elenden Schauplatz, und das Glück durch ihn chimärisch: die gemischteste Gesellschaft kommt in seinem Tempel zusammen: Soldaten, Minister, Quacksalber, Gaukler, Millionäre, und alle diese finden mehr estime sentie als der Philosoph, der sie höchstens bei Hundert findet, bei den Uebrigen nur estime sur parole." Das grosse natürliche Interesse aber, das er an der Ausbreitung seiner Lehre in den etzten zehn Jahren seines Lebens nahm, verschaffte ihm ein heiteres Alter. Auch hierin also wich er von den meisten Sterblichen ab, deren Lebensmorgen hell, deren Abend dumpf und öde ist. Mit Rücksicht auf sein erbleichtes Haar sagte er über den spät erlangten Ruhm: die Zeit habe auch ihm Rosen gebracht, aber weisse.

Mehr noch als die erlangte Anerkennung seiner Geisteskraft trug deren allmäliche Befreiung von der Herrschaft des „Willens" mit dem Eintritt des Alters zu seiner Befriedigung bei. Nur ein Mensch von so

---

*) Hölderlin im Gedicht „An die Parzen."

ausserordentlicher Energie des Temperaments, von so abnorm starker Heftigkeit der Triebe und zugleich von so erstaunlicher Entwicklung des intellectuellen Lebens vermag die endliche Erlösung von der dämonischen Gewalt der Leidenschaften zu empfinden wie er. Bei diesem Thema floss der Mund des Greises über von erhabenen Gedanken, von tief ergreifenden Gefühlen. Er, dessen Lehre in dem Postulat der Verneinung des Willens gipfelt, er, der die Selbsterkenntniss als das reinste und edelste, als das höchste und letzte Ziel unseres irdischen Daseins unermüdlich betrachtet, geübt und gepriesen — er sah das Feuer, welches solange in seinen Adern gesprüht, lächelnd verlöschen und der Verlust der Genüsse ward ihm zum höchsten Genuss. Vor allem schätze er sich mit Sophokles *) glücklich, dem Taumel der Aphrodisien entrückt zu sein; denn in diesem Punkte war das Selbstgenügen des Jünglings auf schwachen Füssen gestanden. „Die Liebe zwingt all' uns wieder!" klagt der Dichter **), um wie viel mehr einen Solchen, in dem der „Wille zum Leben" sich so überaus mächtig und innig bethätigt. Mit Lord Byron seufzte er oft, dass es ihm so schwer werde mit den Weibern zu brechen, und doch so leicht, mit den Männern! ***)

---

*) Plato, de Republ., 1, S. 329, c.
**) Hölderlin im Gedicht „Lebenslauf."
***) Byron, Letters and Journals by Th. Moore, Vol. 1.

Da er seine Ansicht von dem Wesen des Geschlechtsverhältnisses lichtvoll und ausführlich im zweiten Bande der Welt als Wille und Vorstellung niedergelegt hat, bedarf diese Seite seines Charakters keiner näheren Beleuchtung. Wie schon erwähnt, vermied er dieses Gebiet in der mündlichen Mittheilung am liebsten, aus Furcht, sich in den Augen der bipedes herabzusetzen. Denn hier fühlt sich der Erbärmlichste dem Besten gleich! Es ward ihm nicht so gut, ein Weib zu finden, das ganz dazu geschaffen gewesen wäre, ihn von der überirdischen Macht des Ich-bildenden Willens, an die er nicht glaubte, zu überzeugen. Den Ehestand hielt er mit seinem solitären Beruf schlechterdings unvereinbar; allein es trat ihm in jüngeren Jahren die Versuchung dazu sehr nahe, sodass ich geneigt bin, es mehr dem Zusammentreffen der Umstände und vorzugsweise dem, dass sein Vermögen zum sorgenfreien Unterhalt einer Familie nicht ausreichte, zuzuschreiben, dass er ledig geblieben ist.

In diesem Sinne hat er sich denn auch selbst zuweilen ausgesprochen, wenn das Bedürfniss innigerer Mittheilung ihm den Mangel einer Lebensgefährtin schmerzlich fühlbar machte. Die alltägliche Erfahrung, wie wenig die meisten Ehen diesem höheren Bedürfnisse genügen, führte ihn dann wieder zum Lobe seiner

---

S. 499: The more I see of men, the less I like them; if I could but say so of women too, all would be well.

Unabhängigkeit zurück. Das gewöhnliche Ziel der sogenannten Carriere junger Männer sei doch nur, dass sie das Lastthier eines Weibes würden. Neben den Besseren unter ihnen gehe die Frau in der Regel wie eine Jugendsünde. Die freie Musse, welche sie ihren Weibern zu erarbeiten den Tag hinbrächten, brauche der Philosoph selbst. Der Verheirathete trage die volle Last des Lebens, der Unverheirathete nur die halbe: wer sich den Musen weihe, müsse zu der letzteren Klasse gehören. Daher werde man finden, dass fast alle echten Philosophen ledig geblieben seien: so Cartesius, Leibnitz, Malebranche, Spinoza und Kant. Die Alten könne man nicht rechnen, da bei ihnen die Weiber eine untergeordnete Stellung eingenommen hätten; übrigens sei des Sokrates Leiden bekannt und Aristoteles sei ein Hofmann gewesen. Die grossen Dichter dagegen seien alle verheirathet gewesen und zwar alle unglücklich. Shakespeare habe sogar doppelte Hörner getragen. Ehemänner seien meistens umgekehrte Papagenos: denn wie diesem sich, mit bewundernswerther Schnelligkeit, eine Alte in eine Junge verwandele, so ihnen mit bewundernswerther Schnelligkeit eine Junge in eine Alte. Auf Englisch lautete seine Maxime über den Ehestand: matrimony — war and want! gleichwie sogar der gekrönte Sänger der Liebe sagt: quisquis requiem quaeris, foeminam cave, perpetuam officinam litium ac laborum. *) Er meinte, es sei nicht möglich, die Weiber in den Schranken der Vernunft zu halten anders als durch Furcht; in der Ehe aber sei es nöthig, sie in Schranken zu halten, weil man sein Bestes mit ihnen zu theilen habe, und so verliere man am Glück der Liebe, was man an Autorität gewinne. Daher komme es denn z. B., dass die Hälfte aller Kapitalverbrechen in England zwischen Ehegatten begangen werden.

Weil ihm das Glück frei zu sein, das Glück, den Tag anbrechen zu sehen und sagen zu können: er gehört mir! über Alles ging; weil er mit Shenstone dachte: Independence is a better cordial than tokay, war er mässig und sparsam. Sein Vermögen verwaltete er nach Cicero's Grundsatz: Magnum vectigal parsimonia. Verschwendung war in seinen Augen ein weit grösseres Laster als der Geiz; aber mit Unrecht hielt man ihn für geizig. Nicht nur an sich selbst liess er es nicht fehlen, sondern er übte auch Mildthätigkeit in einem für seine Verhältnisse ungewöhnlichen Grade. Keine Gelegenheit zur Milderung fremder Noth, insbesondre bei Unglücksfällen, das Seinige beizutragen liess er vorübergehen; ja er scheute selbst grössere Opfer nicht, wenn es zu helfen galt. Seine verarmten Anverwandten unterstützte er viele Jahre hindurch und zu seiner Universalerbin setzte er eine milde Stiftung ein.

*) Petrarcha, de vita solit. Lib. II, Sect. III, c. 3.

Von der Wiege bis zum Grabe bewahrte er sich in herzgewinnender Frische und Reinheit das zarteste Gefühl für Wahrheit und Recht. Die hochgeborene Naivetät, mit welcher der Jüngling dieses Gefühl einer Welt voll Eigennutz nnd Gemeinheit entgegentrug, diesen Adel seiner Natur konnte auch der misanthropische Greis nicht verläugnen: unwillkürlich brach sie, wie die Sonne im Winter, durch seine tiefe Menschenscheu hindurch und bewies, seiner Lehre vom Willen zum Trotz, dass nicht sein Kopf allein, sondern auch sein Herz sich eines höheren Daseins bewusst war. In seinem Sinne lag es wohl, zum Maassstab seines moralischen Werthes den Grundsatz Richard Price's anzunehmen: The intellectual nature is its own law; wollen wir ihm aber wahrhaft gerecht werden, so müssen wir sagen, dass das Gesetz, das er der Welt gab, grösser war als sein Leben, und sein tiefsinniger Blick in die Verworfenheit, in den Abfall und Verfall des irdischen Daseins zugleich mit den Schwächen und Härten seines Eigenwillens versöhnt. Chacun a les defauts de ses vertus! sagt die geniale Französin. Zu deutsch: Wir schauen die göttlichen Ideen wohl, aber sie blenden unser sterbliches Auge, dass die Schritte unsicher werden und das Nächstliegende uns täuscht und beirrt, ohne doch das erhabene Bewusstsein des gestörten Urbildes je aus der Seele verwischen zu können.

VII.

Was er lehrte.

———

Der Wille ist die Wurzel der Bildniss.
Ein falscher Wille zerstört die Bildniss.
Jakob Böhme.

Vauvenargues sagt: les grandes pensées viennent du coeur. Und aus dem Herzen muss man sie auch, nachbildend, wiedererzeugen! nur so werden ursprüngliche Ideen fortgepflanzt, wahre Abbilder von den Urbildern geschaffen. Die landläufige Darstellung berühmter Systeme in den Compendien der Geschichtsschreiber der Philosophie dagegen hinterlässt in der Regel den fatalen Eindruck eines anatomischen Präparats, aus dem das Leben nicht nur gewichen ist, sondern von dem auch Niemand begreift, wie jemals Leben darin und die Welt davon voll gewesen sein könne. Ueberzeugender als Einer vor ihm weiss Schopenhauer über diese Unfruchtbarkeit philosophischen Wissens aus zweiter

Hand zu reden, welche unwiderleglich beweist, dass
die höhere Erkenntniss esoterisch, dem wissenschaftlichen Handlanger unzugänglich ist und unter den Händen
des von Natur Uneingeweihten Würde und Gehalt verliert. Die Alten waren hiervon tief durchdrungen *), ·
und die Versuche der Neueren, in die Philosophie
„Methode“ zu bringen, selbst wenn dazu ausdauernder
Scharfsinn die Hand anlegt, zeigen klärlich, dass sich
diese Schöne schlechterdings nicht beschleichen lässt
und den straft, der sie haben will mit Gewalt.

Auch Schopenhauer's Philosophie kam aus dem
Herzen; .wenn man bis zu ihrer Wurzel durchdringt
und sich nicht von einer nebenher gehenden scheinbar
widersprechenden Theorie irre leiten lässt. Allen seinen
Lehrsätzen, sagt er, liege dieselbe intuitive Erkenntniss,
die anschauliche Auffassung desselben, nur successive
von verschiedenen Seiten betrachteten realen Objects
zum Grunde. Den höheren Grad der Intuition, der dem
Genie eignet, schrieb er der grösseren Freiheit des
Intellects vom Dienste des Willens zu. Um originelle,
ausserordentliche, vielleicht gar unsterbliche Gedanken
zu haben, sei es hinreichend, sich der Welt und den
Dingen auf einige Augenblicke so gänzlich zu entfremden, dass Einem die allergewöhnlichsten Gegenstände

____

*) E. g. Plato, de Republ., VI, S. 498, e: φιλοσοφον πλη-
θος αδυνατον ειναι.

und Vorgänge als völlig neu und unbekannt erscheinen, als wodurch eben ihr wahres Wesen sich aufschliesse. Das hier Geforderte sei aber nicht etwa schwer; sondern es stehe gar nicht in unserer Gewalt und sei eben das Walten des Genius. *) Wann, sagt er, als ich noch in den Blüthejahren meines Geistes und im Culminationspunkte meiner Kräfte stand, durch günstige Umstände die Stunde herbeigeführt wurde, wo das Gehirn die höchste Spannung hatte; so mochte mein Auge treffen auf welchen Gegenstand es wollte, — er redete Offenbarungen zu mir, und es entspann sich eine Reihe von Gedanken, welche werth waren aufgeschrieben zu werden und es wurden. **) So entstand sein System, als das eines immanenten Dogmatismus. ***) Dogmatisch sind seine Sätze, dem Subject der Erkenntniss nach, insofern sie alle auf innerer Anschauung beruhen; immanent sind sie, dem Objecte nach, insofern sie nicht über die in der Erfahrung gegebene Welt hinausgehen, wie die transcendenten Systeme des älteren Dogmatismus und der Fichte-Schelling-Hegel'schen Identitätslehre. Heuristisch und analytisch, nicht Satz aus Satz, sondern Satz aus Anschauung folgernd, gelangt er regressiv zum letzten Erkennbaren. Auf diesem Wege, lehrt er, gehe

---

*) Parerga, Bd. 2, § 55.
**) l. c. § 38.
***) l. c. Bd. 1, S. 121.

die Philosophie allerdings über die Natur hinaus zu
dem in oder hinter derselben Verborgenen (το μετα το
φυσικον), es jedoch immer nur als das in ihr Erscheinende, nicht aber unabhängig von aller Erscheinung
betrachtend. Obwohl sich die Philosophie nie von der
Erfahrung losreisse, vielmehr dieselbe bloss tiefer deute
und auslege, da sie vom Dinge an sich nie anders als
in seiner Beziehung zur Erscheinung rede, so ertheile
sie doch, eben durch die Unterscheidung des an sich
Seienden von dem Erscheinenden, Aufschlüsse über das
Ganze der Erfahrung, welche sonst nicht ins Bewusstsein kommen. Die Erfahrung als Ganzes, die Allge-
meinheit derselben, im Gegensatze zu den einzelnen
Erscheinungen, gleiche einer Geheimschrift und deren
Entzifferung die Philosophie. Dieselbe sei daher höherer
Art als die übrigen Wissenschaften und der Kunst fast
so sehr als der Wissenschaft verwandt. *) Wenn er
also, der abstrakten oder Vernunfterkenntniss gegenüber,
die, jedem Menschen eingeborene, anschauliche Erkenntniss als die allein fruchtbare preist, so hält er doch
die specifisch höhere Dignität der philosophischen Intuition fest, vermöge deren diese — ebenso wie sie in
der Seele des Künstlers sich zum Bilde gestaltet und
als Kunstwerk hinaustritt — den Denker befähigt, das
Erkannte in die Reflexion zu bringen, in abstraktes

---

*) Welt als Wille und Vorstellung, 3. Aufl., B. 2, S. 140.

Wissen umzusetzen und damit den eigenthümlichen Beruf des Philosophen zu erfüllen. *) Keineswegs will er, wie unsere spekulativen Empiriker, die Philosophie ohne Weiteres in die Reihe der inductiven Wissenschaften eingereiht sehen. So wegwerfend er daher auch von der „intellectuellen Anschauung" Schelling's redet, so gilt diese Verachtung im Grunde doch nur der falschen Anwendung dieses Vermögens der Ineinsschauung und Ineinsbildung der Dinge (intuitio s. str.), welches sich von der Wahrnehmung, Vergleichung und Verknüpfung des Einzelnen, seien dieselben auf Aeusseres oder Inneres gerichtet (inductio), wesentlich unterscheidet und bei Schopenhauer als Fähigkeit „das Ganze der Erfahrung als solcher zu deuten" eingeführt wird. Darüber, wie dieses allerdings wunderbare Vermögen, seiner subjectiven Grundbeschaffenheit ungeachtet, im Dienste echter Spekulation thätig werde, sagt er: Die Qualität unserer Gedanken, ihr formeller Werth komme von innen: aber ihre Richtung, und dadurch ihr Stoff, von aussen; so dass, was wir in jedem Augenblicke denken, das Product zweier grundverschiedener Factoren sei. Demnach seien für den Geist die Objecte nur das, was das Plektron für die Lyra: Daher die grosse Verschiedenheit der Gedanken, welche der-

----

*) l. c. Bd. 1, S. 452.

selbe Anblick in verschiedenen Köpfen errege. *) Aber nicht die sorgfältige Beobachtung des Einzelnen, sondern nur die Intensität der Auffassung des Ganzen liefere jene wichtigste und tiefste Einsicht, mit welcher das Genie die Welt erleuchte. **) Das subjectiv Will- kürliche und individuell Beschränkte, das auch dieser philosophischen Auffassung immer noch anhaftet, be- zeichnet nur die Unvollkommenheit des menschlichen Intellects und die Mängel der Persönlichkeit, in der er sich darlebt. Vortrefflich sagt er daher über die Grenzen der menschlichen Erkenntniss überhaupt: „Die Formen derselben haben bloss in Beziehung auf die Er- scheinung Sinn und Bedeutung: die Dinge an sich selbst (losgelöst von ihrer Erscheinung) und ihre mög- lichen Verhältnisse lassen sich durch jene Formen nicht erfassen. Daher muss die wirkliche positive Lösung des Räthsels der Welt etwas sein, das der menschliche Intellect zu fassen und zu denken völlig unfähig ist; so dass wenn ein Wesen höherer Art käme und sich alle Mühe gäbe, es uns beizubringen, wir von seinen Er- öffnungen durchaus nichts würden verstehen können Diejenigen also, welche vorgeben, die letzten, d. i. die ersten, Gründe der Dinge, also ein Urwesen, Absolutum oder wie sonst man es nennen will, nebst dem Prozess,

---

*) Parerga, Bd. 2, § 38.
**) l. c. § 54.

den Gründen, Motiven oder sonst was, in Folge welcher
die Welt daraus hervorgeht, oder quillt, oder fällt, oder
producirt, ins Dasein gesetzt, entlassen und hinaus-
complimentirt wird, zu erkennen, — treiben Possen,
sind Windbeutel, wo nicht gar Scharlatane." *)

Die Entstehungsweise seines Systems selbst nun
hat er am klarsten in der Schrift „Ueber den Willen
in der Natur", in dem tiefsinnigen Abschnitt, welcher
„Physische Astronomie" überschrieben ist und worauf
er sich selbst öfter beruft, dargelegt.

Der Anfang der Philosophie, ihre Möglichkeit liegt
im Menschen. Aber nicht, wie Alle vor ihm gelehrt,
schon deshalb, weil er denkt; sondern erst deshalb,
weil er zugleich will. Dächte er bloss, so würden
ihm die Formen der Anschauung, so würde ihm vor
allem die Kette der Ursachen und Wirkungen, der
Gründe und Folgen ein ebenso sicheres Leitseil sein,
wie dem Thiere der Instinkt und die denselben leitende
Wahrnehmung; aber nun will er zugleich, d. h. er hat
zugleich eine von der Vorstellung grundverschiedene
unmittelbare Seinsweise in sich, deren Erkenntnissquelle
er nicht auf den Satz vom Grunde zurückzuführen
vermag. Deshalb erst fragt er nach einer letzten
Ursache, einer causa sui, welche der Vorstellung an
sich, ohne den Willen, als eine contradictio in adjecto,

---

*) Welt als Wille und Vorstellung, Bd. 2, S. 206.

absolut unzugänglich und fremd wäre, und ihr nun, mit dem Willen, immer noch ein ewiges Räthsel bleibt, dem Willen selbst dagegen in seiner Freiheit und Grundlosigkeit, in seiner Aseïtät intim vertraut ist. Erst durch dieses unmittelbare reale Sein in ihm, wird ihm das .mittelbare ideale zweifelhaft, enthüllen sich ihm die Formen desselben, Raum, Zeit und Causalität, in ihrer Unzulänglichkeit und Endlichkeit. Daher also das „metaphysische Bedürfniss im Menschen“. Das punctum saliens, die grosse Frage, aus der die Philosophie entspringt, ist eben: wie diese beiden Seinsweisen, Ideales und Reales, Vorstellung und Wille in einem und demselben Vorgange zugleich und zusammen bestehen können.

Diese Fassung des Problems schon halte ich für ein unsterbliches Verdienst Schopenhauer's. Sie eröffnet eine neue Aera in der Geschichte der Philosophie.

Zum Vollzuge glaubt er nun die geforderte Vereinigung *) der äusseren mit der inneren Erkenntniss

---

*) Nicht Identificirung! denn diese hält er für theoretisch unmöglich. „Die Identität des Subjects des Wollens mit dem erkennenden Subject, vermöge welcher, und zwar nothwendig, das Wort „Ich“ beide einschliesst und bezeichnet, ist der Weltknoten und daher unerklärlich. Denn nur die Verhältnisse der Objecte sind uns begreiflich: unter diesen aber können zwei nur insofern Eins sein, als sie Theile eines Ganzen sind. Hier hingegen, wo vom Subject die Rede ist, gelten die Regeln für das Erkennen der

dadurch zu bringen, dass er alle und jede Bewegung ihrer äusseren Ursache nach zur blossen Erscheinung, zur Vorstellung herabsetzt, dagegen das, was dieser Erscheinung als innere Bedingung zu Grunde liegt, auch in der leblosen Natur, zum Willen erhebt. Die doppelte, auf zwei völlig heterogene Weisen gegebene Erkenntniss, die wir vom Wesen und Wirken unseres eigenen Leibes haben, gebraucht er als Schlüssel zum Wesen jeder Erscheinung in der Natur; beurtheilt alle Objecte, die nicht auf doppelte Weise, sondern allein als Vorstellungen unserem Bewusstsein gegeben sind, nach Analogie dieses Leibes, und nimmt daher an, dass sie ihrem inneren Wesen nach dasselbe seien was wir, für uns und in uns, „Wille“ nennen. „So erkennen wir, trotz aller accidentellen Verschiedenheiten, zwei Identitäten, nämlich die der Causalität mit sich selbst auf allen Stufen, und die des zuerst unbekannten X (der Naturkräfte und Lebenserscheinungen) mit dem Willen in uns. Wir erkennen das identische Wesen der Causalität in den verschiedenen Gestalten.

Objecte nicht mehr, und eine wirkliche Identität des Erkennenden mit dem als wollend Erkannten, also des Subjects mit dem Objecte, ist unmittelbar gegeben. Wer aber das Unerklärliche dieser Identität sich recht vergegenwärtigt, wird sie mit mir das Wunder κατ' ἐξοχήν nennen.“ Ueber die vierfache Wurzel des Satzes vom zureichenden Grunde. 2. Aufl., S. 136.

die es auf verschiedenen Stufen annehmen muss, und
nun sich zeigen mag als mechanische, chemische, phy-
sikalische Ursache, als Reiz, als anschauliches Motiv,
als abstraktes gedachtes Motiv: wir erkennen es als
Eins und dasselbe, sowohl da, wo der stossende Körper
so viel Bewegung verliert als er mittheilt, als da wo
Gedanken mit Gedanken kämpfen und der siegende
Gedanke, als stärkstes Motiv, den Menschen in Bewegung setzt, welche Bewegung nun mit nicht gerin-
gerer Nothwendigkeit erfolgt, als die der gestossenen
Kugel. Statt da, wo wir selbst das Bewegte sind und
daher das Innere des Vorgangs uns intim und durchaus bekannt ist, von diesem inneren Licht geblendet
und verwirrt zu werden und dadurch uns dem son-
stigen, in der ganzen Natur uns vorliegenden Causal-
zusammenhang zu entfremden und die Einsicht in ihn
uns auf immer zu verschliessen; bringen wir die neue,
von Innen erhaltene Erkenntniss, zur äussern hinzu, als
ihren Schlüssel, und erkennen die zweite Identität, die
Identität unseres Willens mit jenem uns bis dahin unbekannten X, das in aller Causalerklärung übrig bleibt.
Demzufolge sagen wir alsdann: auch dort, wo die pal-
pabelste Ursache die Wirkung herbeiführt, ist jenes
dabei noch vorhandene Geheimnissvolle, jenes X, oder
das eigentlich Innere des Vorgangs, das wahre Agens,
das Ansich dieser Erscheinung, — welche uns am
Ende doch nur als Vorstellung und nach den Formen

und Gesetzen der Vorstellung gegeben ist, — wesentlich dasselbe mit dem, was bei den Aktionen unseres ebenso als Anschauung und Vorstellung uns gegebenen Leibes uns intim und unmittelbar bekannt ist als Wille." Die tiefe Ueberzeugung von der Wahrheit dieses seines Grunddogmas lässt ihn an dieser Stelle in die Apostrophe ausbrechen: „Dies ist, geberdet euch wie ihr wollt! das Fundament der wahren Philosophie: und wenn es dieses Jahrhundert nicht einsieht; so werden es viele folgende. Tempo è galant-uomo! se nessun' altro." *)

Herbart hat dieses Dogma „eine bequeme Philosophie" genannt, die, um sich Anhänger zu verschaffen, nicht einmal des geistreichen Vortrags bedurft hätte, der sie empfehle. **) Von der seinigen gilt freilich in letzterem Punkte das Gegentheil! Mehr noch aber als den Schluss aus der Analogie findet er bekanntlich das postulirte einheitliche Princip, das ἕν καὶ πᾶν verwerflich, welches die Welt zu erklären unfähig sei, ja in Folge dessen das System Schopenhauer's gleich dem Schelling'schen das absolute Werden als Todeskeim in sich trage und dem Vorwurf einer „Naturgeschichte

---

*) Ueber den Willen in der Natur, 2. Aufl., S. 85 fg. In sein Handexemplar der ersten Auflage der Welt als Wille und Vorstellung schrieb er die Worte Gracian's: „Y si esto no es su siglo, muchos otros le seran", wovon also das Obige die Version ist.

**) Herbart's sämmtliche Werke, Bd. XII, S. 384.

Gottes" nicht entgehe. Aber in seiner Art weit bequemer und von dem, was man seit Jahrtausenden als Philosophie gelehrt und verstanden toto genere verschieden ist Herbart's Ausweg: das Band der Dinge in einem blossen Verhältnissbegriffe, in der subject- und principlosen „Beziehung" einer unendlichen Vielheit von „Realen" zu suchen, deren qualitates occultae in der abstrakten Leerheit ihrer Bestimmungen dunkler werden, als sie in der Anschauung waren! Gerade das, wonach die Philosophie seit Thales nicht müde wird zu fragen: die Einheit im Geschiedenen, lässt er als eine Grille bei Seite liegen! Sigwart verdient deshalb immerhin einige Entschuldigung, wenn er die Philosophie dieses Mannes in drei Zeilen abhandelt, weil sie schon in ihrer Grundanlage kein System sei und kein System sein oder werden könne. *) Unsere Frage aber ist überhaupt nicht: ob bequem oder unbequem; sondern ob wahr oder unwahr? Herbart's Kritik der „Welt als Wille und Vorstellung" ist — abgesehen von seiner unvermeidlichen Manie, überall Widersprüche zu entdecken — **) für das Fundamentalproblem der Philosophie überhaupt nicht minder, als der Schopenhauer'schen

---

*) Geschichte der Philosophie, Bd. 3, S. 434.

**) Sie verleitet ihn sogar zu Entstellungen, wie bei der Anführung des die Erkenntnissweise des Willens als Ding an sich betreffenden § 22 der „Welt als Wille und Vorstellung." A a. O.

insbesondere zu wichtig, als dass ich mich enthalten dürfte, tiefer darauf einzugehen.

Sein Haupteinwand betrifft eben das ἐν διαφερον ἑαυτῷ, das absolute Werden, die Naturgeschichte Gottes. Allein so gefasst verstösst derselbe von vorn herein gegen die wohlmotivirte Selbstbeschränkung der Schopenhauer'schen Metaphysik, welche Herbart ohne weiteres mit der Fichte-Schelling-Hegel'schen auf eine Linie stellt; während Schopenhauer nachdrücklich lehrt, dass das Absolute, der Wille an sich nicht Gegenstand menschlicher Erkenntniss sein, vielmehr das νοουμενον nur in seinem unauflöslichen Verhältnisse zum φαινομενον erfasst werden könne. Die Einheit des Dings an sich gehört nach ihm schon zu einer Erkenntniss, welche nicht auf den Funktionen unseres Intellects beruht und daher „mit diesen nicht eigentlich zu erfassen“ ist. Insofern nun die Forderung dieser Einheit gleichwohl unabweisbar ist, muss sie nach Schopenhauer aus der blossen Analogie geschlossen, muss die Vielheit der Erscheinungen so verstanden werden, dass sie das hinter diesen Erscheinungen verborgene Wesen als ein in seinem letzten Grunde mit sich einiges offenbart. Die Unabweisbarkeit dieser Forderung aber folgt bei Schopenhauer in letzter Instanz nicht — wie bei den meisten Idealisten vor ihm und neben ihm — aus der sogenannten Einheit des Selbstbewusstseins, d. h. aus der Vorstellung, aus dem Denkgesetz, aus dem Satz vom Grunde in seinen vier Gestalten, sondern aus der unmittelbaren Erkenntniss des Willens selbst. Dies ist der eigentliche Sinn seiner bahnbrechenden folgenreichen Lehre vom Primat des Willens im Selbstbewusst- sein, deren Tiefe man erst wahrhaft einsieht, wenn man sie im Verhältnisse zur Philosophie Fichte's be- trachtet (von dem Schopenhauer allerdings auch gelernt hat), welcher gleichfalls bei Kant ansetzt und der In- tention nach auf dasselbe Ziel hinarbeitet, ohne es zu erreichen.

Herbart weist treffend darauf hin, dass „die Kant'sche Freiheitslehre bei Schopenhauer eine grosse Rolle spielt und offenbar zu den Grundgedanken gehört, von denen er ausgegangen ist." Kant's kategorischer Imperativ nämlich ist in seinem letzten Grunde nichts anders als die erkannte höchste Einheit des Dings an sich, ver- möge deren die transcendentale Freiheit mit der empi- rischen Nothwendigkeit zusammenbesteht. Im Wesen des Willens liegt es, dass er in letzter Instanz nur Eines wollen kann und die Unbedingtheit dieser For- derung, als Selbsterkenntniss des Willens, nennt Kant eben das moralische Gesetz in uns, den kategorischen Imperativ. Diesen Ausdruck verwarf Schopenhauer, da ein „Wollen - Sollen" der Aseität des Willens wider- streite, ein hölzernes Eisen sei. Hierin stimmt er, ohne wie es scheint von ihm gelernt zu haben, mit Schleier- macher überein, wie denn überhaupt das Verhältniss dieser beiden grossen Denker unseres Jahrhunderts zueinander ein sehr bedeutsames ist, indem sie gerade da, wo sie sich völlig fremd gegenüberstehen, sich vortrefflich ergänzen.. Dagegen folgt er Kant in dessen Lehre vom intelligibeln Charakter, zufolge welcher die Freiheit des Willens transcendental, der Welt der Erscheinungen fremd ist. „Die strengste, redlich und mit starrer Consequenz durchgeführte Nothwendigkeit und die vollste, bis zur Allmacht gesteigerte Freiheit", sagt er von dieser Lehre, „mussten zugleich und zusammen in die Philosophie eintreten: ohne die Wahrheit zu verletzen konnte dies aber nur dadurch geschehen, dass die ganze Nothwendigkeit in das Wirken und Thun (operari), die ganze Freiheit hingegen in das Sein und Wesen (esse) verlegt wurde. Dadurch löst sich ein Räthsel, welches nur deshalb so alt ist wie die Welt, weil man bisher es immer gerade umgekehrt gehalten hat und schlechterdings die Freiheit im Thun, die Nothwendigkeit im Sein suchte." *) Herbart behauptet nun, diese Lehre stehe und falle mit der vom kategorischen Imperativ. Ich 'sage: umgekehrt, durch seine Beseitigung wird sie erst ins rechte Licht gesetzt: denn das absolute Soll desselben steht ausser und über dem Willen des Einzelwesens; sobald dagegen die Freiheit als unser wahres Wesen, als unser eigenstes Sein er-

---

*) Welt als Wille und Vorstellung, Bd. 2, S. 365.

kannt wird, schwindet das Hinderniss der Motivation und die letzte Ausflucht des Determinismus. Ja mehr noch: erst dadurch, dass die Aseïtät des individuellen Willens auf die Grundlosigkeit des Urwillens zurückgeführt wird, ist die Möglichkeit einer widerspruchslosen Erklärung des Bösen gegeben, an welcher bekanntlich der ältere Dogmatismus und mit ihm die ganze dogmatische Theologie scheitert.

Dagegen aber, und dies ist die Hauptsache, entfernt sich Schopenhauer, wie Herbart richtig urgirt, nun weiter dadurch von Kant, dass bei ihm die individuelle Selbstbestimmung des intelligibeln Charakters ihre wahre Bedeutung verliert. Denn die Individuation ist ihm nur Schein; mit dem Einen untheilbaren Wesen des Willens hat sie nichts gemein. Bei Kant gab es eine Menge freier Wesen, deren jedes, ohne durch die andern im mindesten gehindert zu werden, sich seinen intelligibeln Charakter selbst bestimmte; bei Schopenhauer dagegen ist nur der Eine Urwille, das Eine Ding an sich frei, die ethische Zurechnung fällt ganz und untheilbar in ihn hinein, das Wollen der Individuen ist sein ausschliessliches Werk. So gebietet es die Consequenz seines Vordersatzes, dass das Wesen des Willens in sich untheilbar und ununterscheidbar sei. Die transcendentale Freiheit kann nicht allein möglich sein, sie muss wirklich werden. Wie aber geschieht dies? So, dass sie, welche sonst, als nur dem Dinge an sich zukommend, nie in der Erscheinung sich zeigen kann, „in solchem Falle auch in dieser hervortritt und, indem sie das innere Wesen der Erscheinung aufhebt, während diese selbst in der Zeit noch fortdauert, einen Widerspruch der Erscheinung mit sich selbst hervorbringt und gerade dadurch die Phänomene der grössten Heiligkeit und Selbstverläugnung darstellt." Es ist dies seine Lehre von der „Verneinung des Willens zum Leben", in welcher eine grosse durch die Geschichte der Menschheit laufende Thatsache des Bewusstseins zum erstenmal rein von aller Mystik und allem Mythos abstrakt demonstrirt wird. Aber Herbart hat Recht, es widersprechend zu finden, dass das innere Wesen der Erscheinung soll aufgehoben sein, und gleichwohl diese in der Zeit fortdauern. Vielmehr werden wir sagen müssen: das innere Wesen des Individuums kann doch nicht aufgehoben sein, wenn seine nothwendige Folge, die Fortdauer in der Zeit nicht cessirt; es muss ein fester Kern restiren, den jene Verneinung nicht trifft. Noch mehr! sehen wir von der individuellen Erscheinung ab, indem wir das principium individui als blosse Täuschung des Intellects betrachten, so führt uns die Verneinung des Einen untheilbaren Willens, der in jedem Individuum ganz gegeben ist, zur Aufhebung der Erscheinung im Ganzen und das Individuum löst durch seine That die Aufgabe der Welt auf solidarische Weise. Schopenhauer würde entgegnen, dass bei diesem

Schlusse wegen der Amphibolie des Begriffs „Wille", welcher einmal als individueller, an die Erscheinung gebunden, das andere mal, als Ding an sich, frei gedacht werde, die Anwendung des Causalitätsgesetzes schon eine missbräuchliche sei. Indem er für den in der Verneinung begriffenen Willen, die durch die Erfahrung constatirte negative Folge nachweist, glaubt er die äusserste Grenze, zu der unsere Fassungskraft reiche, berührt zu haben; was darüber liege, sei in der Erfahrung nicht mehr nachzuweisen. Für unsere Fassungskraft sei die Folge der Verneinung des Willens eben gleich Nichts. Allein eben diesem Nichts widerstreitet die Erscheinung, indem ihre reine Negation nach der Verneinung des Willens nicht allein nicht eintritt, sondern sogar eine neue Position: die „vollendete Heiligkeit der Gesinnung", welche als solche in der Welt der Erscheinungen und auf dieselbe fortwirkt, wennschon in einer von der „Bejahung des Willens zum Leben" ganz verschiedenen Richtung.

Es ist der folgenschwere Irrthum in der Lehre unseres Freundes, die Verkennung des principii individui und des persönlichen Geistes, vor welcher wir stehen. Die Formen des Daseins, je höher sie steigen, desto individueller werden sie; nicht allein die Erkenntniss, sondern auch der Wille haftet nur am concreten Leben, dergestalt, dass auch der „Wille an sich", von dem er lehrte, dass er unerfassbar sei, dies nur sein kann vermöge der unergründlichen Tiefe und unendlichen Fülle seiner Ichheit und Eigenheit, nicht aber wegen seiner in sich ununterschiedenen All-Einheit. Daher wird Schopenhauern sein Ding an sich wider Willen zum absoluten Abstractum, während es vielmehr ein absolutes Concretum sein sollte: die wahre Realität der Welt entgeht ihm, sein „Wille" wird, wie er sich auch dagegen verwahren möge, metaphysisch betrachtet zum blossen Gedankending, und der erhabene ethische Realismus Kant's, den er tiefer zu begründen gedachte, wird in seinen Händen wiederum idealistisch und fatalistisch.

Nun aber ist es — für Augen, die weit genug reichen — gleichwohl ein grosses und lehrreiches Schauspiel, zu sehen, wie dieser tiefe energische Denker gleichsam den Sisyphusblock der Philosophie bis zum Rande des Gipfels wälzt, so dass wir urtheilen müssen, er würde das Ziel erreicht haben, wenn es ihm gelungen wäre, die concrete Lebensfülle, die ureigene Kraft einer an sich idealen Potenz wie der Wille ist, nur einen Schritt noch über die Grenze der physischen Welt hinaus festzuhalten! Das ihm dies nicht gelungen ist, noch gelingen konnte, liegt, wie ich zeigen will, an der mangelhaften psychologischen Grundlage, an seiner einseitigen Analyse des Selbstbewusstseins

Die Individualität, lehrt er, inhärire zwar zunächst dem Intellect, der, die Erscheinung abspiegelnd, der

Erscheinung angehöre, welche das principium individuationis zur Form habe; aber sie inhärire auch dem Willen; nur in seiner Bejahung, nicht in seiner Verneinung. *) In dieser Bejahung .liege die metaphysische freie That, welche den intelligibeln Charakter begründe. Hieraus folge, dass die Individualität nicht allein auf dem principio individuationis beruhe und daher nicht durch und durch blosse Erscheinung sei; sondern dass sie im Dinge an sich, im Willen des Einzelnen wurzele: denn sein in der Zeit erkannter intelligibler Charakter selbst sei individuell. Wie tief nun aber hier ihre Wurzeln gehen, gehöre zu den Fragen, deren Beantwortung er nicht unternehme. **)

Angesichts dieser merkwürdigen; für das System verhängnissvollen Stelle, deren Inhalt, wie ich Grund habe zu vermuthen, bis zu seinem Tode der Gegenstand seines unablässigen Nachdenkens gewesen ist, enthüllt sich uns das grosse bedenkliche Deficit seiner Philosophie. Er wollte ohne Zweifel die Consequenz jenes Satzes so verstanden wissen, dass der niedrigste Grad der Individuation dem höchsten der Reinheit des Willens entspreche, sonach der Anfang der Individuation das Heraustreten und den Abfall des Wesens in die Er-

---

*) Welt als Wille und Vorstellung, Bd. 2, S. 698.
**) Parerga, Bd. 2, § 116.

scheinung, die Wendung des Guten, als der reinen Verneinung des Willens, zu dessen Bejahung, zum Bösen sei, und ihre ακμη dessen Vollendung. Dem aber widerspricht wie gesagt die Erfahrung, dem widerspricht seine eigene Lehre, wonach nicht nur die Verneinung des Willens überhaupt erst möglich wird, nachdem er, im menschlichen Bewusstsein, die höchste Stufe seiner individuellen Darlebung erreicht hat, sondern auch der Grad dieser seiner Selbsterkenntniss, oder doch deren Umfang dem Grade der physischen Ausbildung des individuellen Trägers entspricht, mithin die Individuation auf allen ihren Stufen eine Kette von Bedingungen bildet, ohne welche der ethische Grundgegensatz im Willen als Ding an sich, die „Bejahung und Verneinung des Willens zum Leben", wie die Verneinung einer Existenz überhaupt ohne ihre vorausgehende Bejahung, undenkbar wäre.

Reichen aber die Wurzeln der Individualität in der That tiefer, als sich mit dem strengen Idealismus der Schopenhauer'schen Metaphysik vereinigen lässt; ist „die Identität des inneren Wesens alles Lebens" nicht ausschliesslich „nur im Zustande der Verneinung des Willens (Nirvana) vorhanden" und hat dessen Bejahung (Sansara) nicht ausschliesslich „die Erscheinung desselben in der Vielheit zur Form"; entspringen mithin „Bejahung des Willens zum Leben, Erscheinungswelt, Diversität aller Wesen, Individualität, Egoismus, Hass, Bosheit" nicht

„aus Einer Wurzel" *) — dann fürwahr müssen Metaphysik, Physik und Ethik eine andere Gestalt annehmen als bei Schopenhauer: eine Gestalt, deren Grundriss sich in der naïven Mystik seines Geistesverwandten, des namenlosen und doch unsterblichen „Franckforters" vorgezeichnet findet: „Gote als gotheit gehôret nit zu, weder wille noch wissen oder offenbâren noch diss noch das, das man genennen, gesprechen oder gedenken mag. Aber gote als gote gehôret zu, das er sîn selbes vorjehe und sich selber bekenne und liebe und sich selber im offenbâre in im selber, und dis noch alles âne crêatûre. Und diss ist in got noch alles als ein wesen und nicht als ein wurken, di wîle es âne crêatûr ist, und in disem vorjehen und offenbâren wirt die persônliche underscheit. Aber dâ got als got mensch ist oder dâ got lebet in einem gotlîchen oder vergotten menschen, dâ gehôrt got etwas zu, das sîn eigen ist, und gehôrt ihm allein zu und nicht den crêatûren, und ist in im selber âne crêatûr ursprunklich und wesenlich, aber nicht formlich und würklich, und got wil das selbe gewurket und geûbet hân, wan es ist dar umbe, das es gewurket und geûbet sol werden. Was solte es anders? solt es mûssig sîn? was wêre es denne nütze? sô wêr es als gût, es wêre nicht, und besser: wan was nindert zu nutz ist, das ist umb sunst und

---

*) Welt als Wille und Vorstellung, a. a. O.

das wil got und die nâtûr nicht. Nu dar! got wil das
geûbet und gewurket hân, und das mag âne crêatûr
nit geschehen, sô es alsô sîn sulle. Jâ solte weder
diss noch das sîn, oder wêre weder diss noch das
und wêr kein werk oder würklikeit oder des glîchen,
was wêre dan oder solte got selber oder wes got
wêre er? Man mùss hie wenden und blîben: wan man
mochte disem als verre nâch volgen und nâch kriechen,
man weste nit, wâ man wêre und wie man wider
umb solte kêren." *)

Vergleichen wir mit diesem Zeugnisse der echten
Mystik die Gestalt, welche die Individuationstheorie bei
den modernen Absolutisten annimmt, z. B. die Exposition Fichte's, wie „der ursprüngliche actus individuationis, die Beschränkung, das Sichcontrahiren des Einen
absoluten Lebens auf einen bestimmten Punkt" nur
die zufällige Form des Wesens sei, aus welcher dieses
jeder Zeit wieder „in .die allgemeine der Auflösung"
zurückgehen könne und solle, soferne nicht diese Form
der Contraktion (als Punctualisirung) zum Handeln des
individuellen Lebens nothwendig sei, wonach also „das
Individuum nicht als besonderes Sein, sondern als
zufällige Form erscheint" und damit „die Schwierigkeit
des Problems gehoben" sein soll, — **) so sehen wir

---

*) Theologia deutsch, ed. Dr. Franz Pfeifer, cap. 31.
**) Vorlesungen über die Thatsachen des Bewusstseins.
Werke, Bd. 2, S. 639 fg.

deutlich, wie die Abstraktion den realen Kern des Begriffs zersetzt und dürfen uns nicht wundern, dass auch unseren Philosophen das Beispiel der Schule, aus der er kam, angesteckt und sein **besseres**, nicht abstraktes, sondern concretes Princip nur zur Verdunkelung dieses Begriffes geführt hat. Denn gleich Fichte ist er, im Gegensatz zu den Mystikern, stärker im Abstrahiren aus den Thatsachen des Bewusstseins, als im Centralisiren derselben. Alles Leben aber ist nur begreifbar in der Concretion seiner Factoren: solange diese besteht, kann das Bewusstsein auch von dem einen derselben auf den andern kommen, ohne seiner lebendigen Realität verlustig zu gehen; sind sie dagegen in der Abstraktion auseinandergelegt und ihrem Centralverbande entrückt, so kann das Bewusstsein derselben nur noch ein scheinbares und ihre Erkenntniss keine adäquate mehr sein. Hîc Rhodus hîc saltus!

Kant hatte gelehrt, dass das Ding an sich schlechterdings nicht erkennbar (neutiquam intelligibile) sei, weil unser Intellect darauf keine Anwendung finde. Dem unvermeidlichen Anstoss dieser Lehre setzte Schopenhauer entgegen: diese terra incognita sind wir ja **selbst**; wie sollte sie uns absolut unzugänglich (neutiquam cognoscenda) sein? Freilich muss die Erfahrung von ihr eine toto genere von der intellectualen verschiedene, eine unmittelbare sein. Diese Erkenntniss des Dings an sich sei uns im Willensakt, wennschon noch an die Form der Zeit gebunden, realiter gegeben. Der Wille an sich aber ist nichts Erkennendes, sondern lediglich eine innere Bewegung, welche als solche Object der Erkenntniss wird. Mag der psychologische Vorgang des Wollens noch so deutlich in unser Bewusstsein fallen, so bald wir ihn von der Vorstellung trennen, wird er total verdunkelt und nur als Zustand empfunden. Die Empfindung des Wollens (als Zustandes) aber ist so wenig der Wille selbst, als die Vorstellung desselben (als Gegenstandes).

Hier also deckt sich der eigentliche Grund jenes Hauptgebrechens seiner ganzen Lehre auf. Denn gleichwie Hegel die Thatsachen des Bewusstseins auseinanderreisst und den von allem Inhalt entleerten „Begriff" bis zur „Selbstbewegung" treibt, so setzt Schopenhauer bei einem gleich leeren Willen an, welcher seine ganze Realität, und damit seinen ganzen durch das medium der Vorstellung erkannten Inhalt an etwas ausser ihm, an etwas Anderem, nämlich an der Empfindung, am Gefühl hat — das er verläugnet. Das Gefühl nämlich, diese grosse Thatsache des Bewusstseins, sehen wir in diesem System auf eine gewaltsame, ja leichtfertige Weise eliminirt und vertuscht: denn es passt nicht hinein!*) Es ist in der That merkwürdig, wie

---

*) So wenig wie in das System Herbart's, der es bekanntlich in eine, seiner übrigen metaphysischen Künsteleien

ein so tiefer Kopf, gezwungen durch die Consequenz eines falschen Obersatzes, zu ähnlichen Argumenten seine Zuflucht nimmt, wie sie zu derselben Zeit, obwohl nicht mit demselben Geschick, rationalistische Flach- köpfe, wie W. T. Krug, bei Gelegenheit des von diesem neu provocirten Streits über das „Gefühlsvermögen" — siebenzehn Jahre nach dem Erscheinen der Reden über die Religion — zum Besten gaben. Nur in parenthesi nämlich stellt er auf zwei Seiten *) eine Theorie des Gefühls auf, wonach der Begriff desselben durchaus nur einen negativen Inhalt haben soll, nämlich den: dass etwas, das im Bewusstsein gegenwärtig ist, nicht Be- griff, nicht abstrakte Erkenntniss der Vernunft sei. Vermöge dieses seines nur negativen Inhalts sei der Umfang dieses Begriffs so unverhältnissmässig weit und begreife die heterogensten Dinge in sich, deren ununterschiedenes Zusammensein in demselben man sich so zu erklären habe, dass die Vernunft es mit allen nicht zu ihrer eigenen Vorstellungsweise gehörigen Mo- dificationen des Bewusstseins gerade so mache wie der Einheimische mit allen Fremden, der Grieche mit allen βαρβαροι, der Student mit allen Philistern. Diese ihre Einseitigkeit und „rohe Unwissenheit" habe die Ver-

---

würdige Theorie „auf der Schwelle des Bewusstsein gepresster Vorstellungen hineinpresst.

*) Die Welt als Wille und Vorstellung, Bd. 1, §. 11.

nunft alsdann, weil ihr eigenes Verfahren ihr nicht durch
gründliche Selbsterkenntniss deutlich geworden sei,
büssen müssen durch Missverständnisse und Verirrungen
auf ihrem eigenen Gebiet, da man sogar ein besonderes
Gefühlsvermögen aufgestellt und Theorieen desselben
construirt habe. Den frappantesten Beleg für diese
seine Erklärung des Begriffs findet er darin, dass sogar
die anschauliche Erkenntniss a priori der räumlichen
Verhältnisse und vollends die des reinen Verstandes
unter denselben gebracht und überhaupt von jeder Erkenntniss, jeder Wahrheit, deren man sich nur erst in-
tuitiv bewusst sei, sie aber noch nicht in abstrakte Begriffe umgesetzt habe, gesagt werde, dass man sie fühle.

Vortrefflich! und weil die Vernunft selbst sich nicht
die Mühe giebt, das ihr nicht Gleichartige weiter zu
untersuchen, unterlässt es auch der Philosoph. Wir
aber werden uns, bis ein besserer Beweis erbracht sein
wird, dem Instinkt unserer herrlichen Sprache noch
anvertrauen und uns der Vermuthung hingeben, dass
sie doch wohl einen positiven Grund habe, so Vieles
und Mannichfaltiges bei demselben Namen zu nennen.
Je grösser der Umfang eines Begriffs, desto stärker
der Reiz ihn zu durchdringen und zu erforschen! Ja,
hat nicht Schopenhauer selbst, gerade dadurch, dass
er den Begriff des Willens (der übrigens auch zu jenen
der abstrakten Vernunfterkenntniss nicht eigenen Modificationen des Bewusstseins gehört) sogar weit über

dessen sprachliche Grenzen hinaus spekulativ auszu-
dehnen und so die Sprache zu meistern gewagt (was
ich an sich nicht tadeln will), deutlich dargethan, wie
der disparateste Inhalt eines aus intuitiver Erkenntniss
geschöpften Begriffs, der empirischen Ausbreitung ungeachtet, seiner realen Identität keinen Abbruch thut;
vielmehr allererst die vollständige Einsicht in das ihm
zum Grunde liegende Wesen ermöglicht? Gewaltsam
aber müssen wir sein Verfahren mit dem Gefühl nennen, weil er nicht zu widerlegen vermag, noch auch
nur zu widerlegen versucht, dass alle jene mannichfaltigen Modificationen des Bewusstseins, von der niedrigsten sinnlichen Empfindung bis zur höchsten und
heiligsten geistigen, in der That durch ein Gemeinsames,
auf Deutsch Gefühl geheissen, wunderbar verbunden
sind. *)

So geschieht es denn, dass ihm die Unfähigkeit
der abstrakten Erkenntniss, ihr Subject in dessen
Centralleben zu erfassen, zum Beweise der Unwesen-

------

*) Es scheint fast, eine geheime Scheu habe den sprach-
bildenden Genius der Menschheit gerade hier zurückgehalten,
das Hohe vom Niederen zu sondern, damit die Sprache uns
nicht zur Selbstüberschätzung verführe, über den wahren
Gehalt unserer edleren Gefühle uns täuschend; vielmehr uns
stets vor Augen halte, wie tief selbst das unmittelbarste,
innerste und innigste Leben der Seele in den Stand der
Erniedrigung und Verderbtheit (status corruptionis), in dem
wir leben, hinabgezogen ist.

haftigkeit der Individuation dient. Die Stelle, welche diesen Hergang speciell beleuchtet, findet sich in der Lehre von der Bejahung und Verneinung des Willens zum Leben und lautet wörtlich: „Auch kann folgende Betrachtung Dem, welchem sie nicht zu subtil ist, dienen, sich deutlich zu machen, dass das Individuum nur die Erscheinung, nicht das Ding an sich ist. Jedes Individuum ist einerseits das Subject des Erkennens, d. h. die ergänzende Bedingung der Möglichkeit der ganzen objectiven Welt, und andererseits einzelne Erscheinung des Willens, desselben, der sich in jedem Dinge objectivirt. Aber diese Duplicität unseres Wesens ruht nicht in einer für sich bestehenden Einheit: sonst würden wir uns unserer selbst an uns selbst und unabhängig von den Objecten des Erkennens und Wollens bewusst werden können: dies können wir aber schlechterdings nicht, sondern sobald wir, um es zu versuchen, in uns gehen und uns, indem wir das Erkennen nach Innen richten, einmal völlig besinnen wollen, so verlieren wir uns in eine bodenlose Leere, finden uns gleich der gläsernen Hohlkugel, aus deren Leere eine Stimme spricht, deren Ursache aber nicht darin anzutreffen ist, und indem wir so uns selbst ergreifen wollen, erhaschen wir, mit Schaudern, nichts als ein bestandloses Gespenst." *) Die Lösung dieses

- — — — — —

*) Die Welt als Wille und Vorstellung, Bd. 1, S. 327.

ebenso unzweifelhaften als tief geschöpften Phänomens liegt wo anders! Sie liegt in der Thatsache des Bewusstseins, dass wir uns unserer selbst an uns selbst und unabhängig von den Objecten des Erkennens und Wollens einzig und allein im Gefühl bewusst werden können, in diesem aber bis zum höchsten Grade der Selbstbesinnung; dass wir uns mithin in jene bodenlose Leere jedesmal dann verlieren, wenn wir Erkenntniss und Willen aus ihrer solidarischen, im Gefühl gegebenen, realen Verbindung scheiden und dann „das Erkennen nach Innen richten."

Halten wir dagegen, von den Ergebnissen der Psychologie und Physiologie unterstützt, dieses wahre Centrum der Lebenskraft fest, so fallen die beiden Factoren derselben: Erkenntniss und Wille, als die entgegengesetzten Systeme der Immanenz (Centripetalkraft) und Transienz (Centrifugalkraft), ausserhalb dieses Centrums, und wir könnten im Willen mit demselben Rechte ein blosses „Gehirnphänomen" sehen wie in der Vorstellung. Beide gälten zusammen als blosser Vitalmodus des Wesens, wofür die in der Folterkammer des neunzehnten Jahrhunderts, dem Laboratorium der Vivisectoren ans Licht gezogene Thatsache spräche, dass man die Organe der beiden Systeme, also das grosse und das kleine Hirn, vollständig von dem lebenden Thiere ablösen kann, ja dass diese Ablösung bis zu den Basalgebilden sogar schmerzlos geschieht; während dagegen jede Berührung der Centraltheile, des verlängerten Marks mit seinen Nebengebilden (Hirnstamm) die heftigste Reaction des in seinem innersten Schlupfwinkel angegriffenen Lebens zur Folge hat. Zerstört man das verlängerte Mark beim nervus vagus, so entflieht das Leben augenblicklich unter dem höchsten Schmerzgefühl; dagegen leben Thiere, denen man das grosse oder das kleine Gehirn vollständig genommen, nach den Umständen noch Monate lang fort; denn die cerebralen Centralorgane, in Verbindung mit dem reproductiven Centralsysteme der Gangliarnerven in der Herz- und Magengegend, vicariren für beide, so gut es geht. Nimmt man die beiden Streifenhügel des grossen Gehirns weg oder durchschneidet man den Sehnerven oder rottet man die Vierhügel aus, setzt mithin die Wahrnehmung, das System der Immanenz ausser Thätigkeit, so stürzt das Thier in der Regel mit grosser Hast vorwärts und schiesst pfeilartig in gerader Linie fort, bis es anstösst: hier sehen wir deutlich die isolirte Wirkung des centrifugalen, transeunten Willenssystems, welches für sich allein die in der Spannung ihrer Pole ruhende Einheit des Lebens nicht zu begründen vermag, mithin zum Seinsgrunde desselben, an und für sich, nicht taugt *).

——— · —

*) C. Vogt freilich (Physiologische Briefe S. 198) findet das Phänomen bei den „schon von Natur so ängstlichen Stallhasen durch den Schrecken über die plötzlich eingebrochene Nacht mehr als genug erklärt." Als ob es nur

Vielmehr sind wir gezwungen den Willen, wennschon wir ihn, dem Intellect gegenüber, mit Schopenhauer, als den realen Factor und positiven Pol des Lebens erkennen, dennoch als etwas, welches das Wesen nur hat, nicht aber ist, d. h. als blosses Organ zu fassen und den Mystikern Recht zu geben, die dem Absoluten den Willen so wenig als das Wissen zueignen, weil beide nur an „Diesem und Jenem", d. i. am gegensätzlichen Dasein haften, das ihrer bedarf; während im vollkommenen Zustande des Wesens die Spannung irgend eines Gegensatzes undenkbar ist.

Es kann an diesem Orte nicht meine Aufgabe sein, die schweren Folgen dieses πρωτον ψευδος in der psychologischen Grundlage der Philosophie Schopenhauer's an den einzelnen Theilen des Systems nachzuweisen; nur andeuten will ich, dass sich dieselben im zweiten Buche, welches die Objectivation des Willens, die Naturphilosophie behandelt, besonders bei der ungenügenden Erklärung der Materie, und in dem die Kunstphilosophie darstellenden dritten Buche bei der Ideenlehre geltend machen. Dagegen habe ich nun in der Kürze noch aufzuzeigen, worauf gleichwohl das

---

bei den Stallhasen vorkäme und unter dem Messer des Vivisectors noch ein optischer Effect zum Schrecken führte! Derartige Argumente erklären in der That mehr als genug Methode und Horizont einer von Natur nicht ängstlichen Naturforschung.

bleibende Verdienst und die Grösse seiner Leistung beruht, gegenüber dem Gerede „compromittirter Philosophieprofessoren“, welche uns glauben machen möchten, dieselbe habe „die Wissenschaft nicht gefördert“ und sei schliesslich auf ihr eigenes Nichts zu reduciren.

Schopenhauer's Metaphysik bildet einen gewaltigen Gegensatz gegen die seiner drei berühmten Zeitgenossen Fichte, Schelling und Hegel. Derselbe besteht darin, dass Schopenhauer an einem empirisch gegebenen realen Princip im Subject des Erkennens festhält, wo jene nur mit einem idealen spielen. Ausgehend von der Lehre Kant's von der gänzlichen Diversität des Idealen und Realen, wonach die reale Seite der Dinge etwas von der Welt als Vorstellung toto genere Verschiedenes sein müsse, schritt er, durch Fichte geleitet, zu dem Satze fort, dass das An- und Fürsichsein jedes Dinges nothwendig ein subjectives sein müsse, *) und befreite nun den Willen als die reale Basis des Subjects der Erkenntniss ganz von dem Apparate der Vorstellung, so dass derselbe sich als das zeigen konnte, was er an und für sich ist, als ein empirisch gegebener, dem individuellen Leben vertrauter psychologischer Vorgang. Im Fichte'schen Ich dagegen trat diese reale Seite des Bewusstseins wieder ganz in die Vorstellung zurück, um sodann in der. Schelling'schen

---

*) Die Welt als Wille und Vorstellung, Bd. 2, S. 217.

Identitätslehre vollends zum Idealismus umzuschlagen, und schliesslich auf dem Altar des Hegel'schen „reinen Denkens" in Rauch aufzugehen. In dieser scharfen und strengen Scheidung der beiden entgegengesetzten Pole des Bewusstseins liegt sowohl die Stärke als auch die Schwäche des Schopenhauer'schen Systems. Stark, im höchsten Grade originell und äusserst fruchtbar ist er in der eigenthümlichen Ausbildung des Kant'schen Idealismus, welcher sich bei ihm zur Welt als Vorstellung, zu jener lichtvollen und tiefsinnigen Lehre von der nur physischen Bedeutung des Intellects gestaltet; schwach dagegen in der abstrakten zähen Monotonie, womit er, in der Welt als Wille, jede reale Modification des Bewusstseins von dem Ding an sich ausschliesst, dergestalt, dass die Selbsterkenntniss des Willens ihr Wesen und ihren ganzen Vorgang doch wieder nicht an ihm selbst, sondern nur in der Vorstellung hat, und „das reine Subject des Erkennens" in die Sphäre der willenslosen und willensfreien Anschauung fällt also zuletzt nur eine ideale, ästhetische, keine ethische Dignität hat. Der Eine, in sich ununterschiedene grundlose Wille nämlich vermag sich nach seiner Lehre nur zu bejahen oder zu verneinen: in diesem Gegensatz allein vollzieht er sein eigenes Wesen. Die Erkenntniss kommt nur, als Deus ex machina, zu seiner Erleuchtung hinzu und fördert dieses ihr, dem Willen ausserwesentliches Geschäft nur in dem Maasse, als es ihr gelingt, sich dem Dienste ihres finsteren Princips, des Willens, zu entziehen. Nur abusive wird sie auf dieses Wesen an sich der Dinge, auf das Ganze und den Zusammenhang der Welt gerichtet und gebiert so, vermöge der ihr anhängenden Formen des Neben-, Nach- und Durcheinander aller irgend möglichen Dinge, sich selbst die metaphysischen Probleme, „wie etwa vom Ursprung und Zweck, Anfang und Ende der Welt und des eigenen Selbst, von der Vernichtung dieses durch den Tod, oder dessen Fortdauer trotz demselben, von der Freiheit des Willens und was dessen mehr ist. Denken wir uns aber jene Formen einmal aufgehoben und dennoch ein Bewusstsein von den Dingen vorhanden, so würden diese Probleme nicht etwa gelöst, sondern ganz verschwunden sein und ihr Ausdruck keinen Sinn mehr haben. Denn sie entspringen ganz und gar aus jenen Formen, mit denen es gar nicht auf ein Verstehen der Welt und des Daseins, sondern bloss auf ein Verstehen unserer persönlichen Zwecke abgesehen ist." *) „Die Klage über die Dunkelheit, in der wir dahinleben, ohne den Zusammenhang des Daseins im Ganzen, zumal aber den unseres eigenen Selbst mit dem Ganzen zu verstehen, hat ihren Grund in der Illusion, dass das Ganze der Dinge von einem Intellect ausgegangen, folglich als blosse Vorstellung dage-

---

*) Parerga, Bd. 2, S. 82.

wesen sei, ehe es wirklich geworden; wonach es, als aus der Erkenntniss entsprungen, auch der Erkenntniss ganz zugänglich, ergründlich und durch sie erschöpfbar sein müsste. Aber der Wahrheit nach möchte es vielmehr sich so verhalten, dass alles das, was wir nicht zu wissen uns beklagen, von Niemanden gewusst werde, ja wohl gar an sich selbst gar nicht wissbar, d. h. nicht vorstellbar sei. Denn die Vorstellung, in deren Gebiet alles Erkennen liegt, und auf die daher alles Wissen sich bezieht, ist nur die äussere Seite des Daseins, ein Sekundäres, Hinzugekommenes, nämlich etwas, das nicht zur Erhaltung der Dinge überhaupt, also des Weltganzen nöthig war, sondern bloss zur Erhaltung der einzelnen thierischen Wesen." *) In diesen Worten haben wir die Grösse und die Schwäche seiner Weltansicht in nuce beisammen. Die ·substantia mundi ist dem falschen Idealismus gegenüber gewahrt; aber auf Kosten aller und jeder substantiellen Entwicklung. Denn diese fällt, wie bei Fichte, Schelling und Hegel, auch bei ihm nur in die Vorstellung. Sein reales Princip giebt dem System nur die starre Grundlage; dieses selbst ist idealistisch, d. h. es entfaltet nicht das Wesen als solches, sondern nur dessen Vorstellung, welche mit diesem essentialiter so wenig gemein hat, dass sie ihm sogar feindlich gegenüber steht. Das Postulat Kant's:

---

*) A. a. O. S. 81.

das Ding an sich müsse etwas von der Erscheinung toto genere Verschiedenes sein, hat Schopenhauer mit eiserner Consequenz festgehalten und jede Vermittlung, welche ihm etwa die Thatsachen des Bewusstseins oder die Thatsachen der Aussenwelt an die Hand gegeben hätten, grundsätzlich von der Hand gewiesen. Kehren wir also zum Anfange seiner Philosophie und zu deren Grundproblem, der geforderten Vereinigung der äusseren und inneren Erkenntniss, des Idealen und Realen zurück, so dürfen wir sagen, dass er dasselbe zwar schärfer beleuchtet und der Lösung näher gerückt, keineswegs aber gelöst habe. Er lehrte uns in den verschiedenen Gestalten auf beiden Hemisphären seiner Welt ein Identisches erkennen, indem er einerseits, in der Welt der Vorstellung, das gleiche Wesen der Causalität als Ursache, Reiz und Motiv nachwies, und andererseits, in der Welt des Willens die Identität des in allen Wirkungen als unbekannte Grösse zurückgebliebenen X mit unserem eigenen Willen. Aber der metaphysische nexus realis dieser beiden, je nur in sich übereinstimmenden Welten ist dabei unerklärt geblieben: zwei toto genere verschiedene Principien stehen sich, wenn schon miteinander in einen räthselhaften physischen Knoten verflochten, dualistisch gegenüber.

Das begeisterte Lob, welches ihm J. G. von Quandt gab: dass er, grösser als Vasco de Gama, den Weg vom Realen zum Idealen entdeckt habe, werden wir demnach nicht unterschreiben können. Umsomehr aber müssen wir sein Genie bewundern, das trotz dem nachgewiesenen Grundmangel die tiefsten Probleme der Philosophie, diejenigen nämlich, welche das Verhältniss der Metaphysik zur Ethik betreffen, in einer Schärfe und Reinheit ausgebildet, wie Keiner vor ihm. Unübertrefflich und über alles Lob erhaben ist vor Allem die Darstellung des Grundgegensatzes im Willen, in der Lehre von der „Bejahung und Verneinung des Willens zum Leben“, welche, von der mangelhaften Terminologie des Systems befreit, nichts Anderes sein soll, als eine Lehre vom Verhältnisse des Physischen zum Ethischen, der $\varphi\nu\sigma\iota\varsigma$ zum $\eta\vartheta\varsigma$. Erinnern wir uns, dass er als Jüngling, die Wahrheit suchend, von Helvetius und Cabanis ausgegangen war, so darf uns wahrlich ein Gefühl von Nationalstolz beschleichen angesichts des unendlichen Abstandes, welcher die Weisheit des deutschen Denkers von den Apperçüs der beiden berühmten Franzosen trennt! Mit bewundrungswürdigem Scharfsinne weiss er den Schleier, der die Natur (als Bejahung des Willens zum Leben) verhüllt, zu lüften und den Mangel des Ethos in ihr schonungslos aufzudecken. Der Stand des Abfalls (status corruptionis) der physischen Welt und die Listigkeit ($\delta\iota\alpha\beta\omega\lambda\iota\alpha$) der Natur zu dessen Beschönigung und Vertuschung — beide ein Hauptthema der Mystik und Mythologie aller Völker und Zeiten — tritt uns in der Philosophie dieses Mannes zum ersten Mal, frei von jeder theologischen Färbung, als nüchterne klare Vernunfterkenntniss entgegen. Etwas Tieferes und zugleich Lichtvolleres als seine Darlegung dieses von der ethischen Zwecksetzung losgerissenen, rein physischen und deshalb schlechten — obwohl über alles Maass unseres Intellects hinaus verständigen und berechneten — Treibens der Natur wüsste ich in dem weiten Gebiete der Spekulation nichts aufzuweisen. Hier aber glänzt sein Stern mit dem Goethe's um die Wette: denn die nämliche Wahrheit ist — allen andern Deutungen und Deuteleien entgegen — dessen eigentliches, grosses Thema im Faust. Alle Strahlen dieser wunderbaren Dichtung convergiren in dieser Idee und in ihr allein zum Brennpunkte; so dass, wenn Einer, „die Welt als Wille und Vorstellung" an der Hand, noch einmal dieses aller ästhetischen Kritik spottende Werk durchdringt, ihm die Schuppen allererst von den Augen fallen!

Hieran schliesst sich, als das positive Complement seiner Naturphilosophie, die Darlegung des geheimen Dranges aller Naturkräfte nach ihrer $\alpha\kappa\mu\eta$, der Erkenntniss, und ihrer Selbstkritik nach Erreichung dieses Zieles im bewussten Leben. Welchen Werth aber eine solche Philosophie in einer Zeit habe, die von der Selbstherrlichkeit und dem „Selbstzweck" der Natur dergestalt durchdrungen ist, dass sie den Geist, der spekulirt, tief verachtend, der schönen grünen Weide der Empirie nicht satt wird, leuchtet ein. Der naturalistischen Selbstgerechtigkeit des Jahrhunderts der Erfindungen ist diese Philosophie ein Pfahl im Fleisch, dessen sie sich nicht so bald entledigen wird. als des „Köhlerglaubens" und der Zuchtruthe des politischen „Absolutismus."

Nicht minder vortrefflich, und von seinem Standpunkte erschöpfend, däucht mich seine Entwicklung des Freiheitsbegriffes. Hier verhält er sich rein kritisch und sein durchdringender Scharfblick führt ihn an der Hand der Intuition zu dem grossen analytischen Satze: der Mensch ist nicht frei, in dem was er thut; aber frei in dem, was er ist. Dagegen freilich musste der positive Theil der Ethik, welcher das Was und das Wie dieses Esse betrifft, nach den falschen Voraussetzungen seiner Metaphysik schon um desswillen ein Torso bleiben, weil er, von der richtigen Anschauung der ethischen Phänomene gezwungen, das Sittliche in ein Gefühl (Mitleid), also gerade in das Gebiet des Bewusstseins zu legen genöthigt war, welches seine Psychologie dem ethisch indifferenten Intellect einverleibt hatte. Und gleichwie Schleiermacher's Ethik nur eine Lehre vom Guten (αγαθολογια) ist, so die seinige nur eine Lehre vom Bösen (ἁμαρτολογια). Dem sittlichen Schmerz über die Sünde und deren Folgen, das Uebel und die Hässlichkeit in der Welt, dem Mitleiden der Seele mit sich selbst und den andern gefallenen Wesen. steht die sittliche Lust am Guten, die Theilnahme und Mitfreude am Erlösungswerke gegenüber, für welche Schopenhauer's Ethik so wenig eine Stelle hat, wie seine Naturphilosophie für die das Ethos symbolisirende Materie, welche uns, ausserhalb der Sünde, auch in der energischen Bejahung des Willens zum Leben, die Süssigkeit des Paradieses bewahren lässt.

Fassen wir das Gesagte zusammen, so ist das eigentliche Wesen und unvergängliche Verdienst seiner Lehre: der überzeugende Nachweis von der nur secundären, nur physischen Bedeutung unseres Intellects gegenüber der primären, metaphysischen Dignität des ethischen Factors unseres Bewusstseins. Die uns erscheinende Welt stellt sich in 'dieser Lehre als ein, man darf sagen zufälliges Mittel zu einem über alle ihre Herrlichkeiten weit erhabenen, transmundanen Zwecke dar. Zugleich aber ist sie uns näher gerückt; denn wir erfahren durch das Medium unseres eigenen Willens die Wirkungsweise der Naturkräfte nunmehr realiter und synergistisch. Auf diesen Brennpunkt seiner Lehre passt das schöne Gleichniss, welches ein Anhänger von dem Eindrucke seiner Schriften gebraucht, indem er sagt: „Mir ward dabei zu Muthe, als ob ich in die Bilderflucht zweier einander gegenüber hängender Spiegel hineinschaute und mir beim letzten Bilde, das ich erblickte, sagen müsste: freilich, besässest du nur das Auge, du würdest dann noch weiter und so in infinitum sehen." Und wenn wir hiermit die Philosophie seiner berühmten Zeitgenossen, im Verhältnisse zu der Aufgabe, welche Kant's unsterbliche kritische That der Spekulation hinterlassen hatte, vergleichen, so werden wir bekennen müssen, dass er, trotz des unläugbaren grossen Deficits seiner eigenen Rechnung, der wahre Erbe des Meisters geworden ist, und ihm die maasslose Polemik gegen dessen falsche Nachfolger, die sein Licht bei dessen Aufgang mit ihrem Scheinglanze verdunkelten, gern verzeihen.

Zuletzt aber soll man wissen, dass dieser ebenso tiefe wie selbständige Denker auch in seinen Irrthümern unendlich lehrreicher ist, als die mediocren Köpfe in den Wahrheiten, die sie zu Tage fördern. Wer einmal in die unerschöpfliche Fundgrube seines Geistes hinabgestiegen ist, kehrt selbst aus deren Fehlgängen mit der wohlthuenden Ueberzeugung zurück, dass der Versuch nur ein neues tieferes Problem aufgeschlossen und die Arbeit keine verlorene gewesen ist.

VIII.

Quoad politica.

———

Für die Staatsfragen der Gegenwart
wird die Philosophie als solche nicht
viel mehr thun können als die Hauptsache: dass sie Sittlichkeit und
Recht in einem viel höheren Dasein als das menschliche zu begründen fortfährt.

Dahlmann.

Das Genie wirft seinen vorurtheilsfreien uninteres-
sirten Blick auf alle Gebiete des Lebens und so begegnet
es ihm oft, dass die nackte Simplicität seiner Ansicht
von dem aufgeputzten Wahne der Zeit auf dem einen
oder dem andern derselben besonders grell absticht.
Schopenhauer's Rechtsphilosophie wird vor Allem die
unverkennbare Ehre zu Theil, in den Augen unserer
modernen Volksbeglücker, welche die öffentliche Meinung
billig in Pacht haben, veraltet, barok, dürftig, ja absurd
zu erscheinen. Deshalb widme ich ihr noch diese

Appendix; ohne die wesentlichen Mängel zu übersehen, welche auch diesen Theil seines Systems, in Folge der Verkennung des principii individui, drücken.

Nachdem zuerst Hegel mit dialektischen Kunststücken das spekulative Deutschland von der vollendeten Gottheit des Staats überzeugt hatte, auch die mit überrheinischer Revolutionsmilch grossgezogenen Vollblutgeister unserer Zeit ihre socialistischen Saturnalien durchgetanzt hatten, trat die nüchterne, ihres Ziels gewisse, über jeden Tadel erhabene neueste Volksherrlichkeit auf die Bühne. Die erstaunlichen Erfolge in den empirischen Wissenschaften, die dadurch erreichten grossen Vortheile auf dem Felde des äusseren Lebens ermuthigen dieses vortreffliche Geschlecht immer mehr, alle Autorität, wess Namens und Standes sie sei, über Bord zu werfen und, des Ballastes seiner Vergangenheit ledig, mit vollen Segeln in das hohe Meer des Genusses hinauszusteuern. Indessen geht dieser, mit allem Pomp der Civilisation einherstolzirenden Humanitätshoheit unserer Tage eine Kleinigkeit ab, die unser Freund in den Vordergrund seiner politischen Ansicht zu stellen indiscret genug gewesen ist: die Erkenntniss des unveräusserlichen Egoismus und der eudämonistischen Grundverkehrtheit des Willens der Einzelnen, aus deren Zusammenstellung das sublime Ganze sich aufbaut, und welche, unter dem nobeln Flitter ihren Zweck bergend, das eigentliche, vorzeitliche und deshalb unzeit-

gemässe Princip der vielgeschäftigen, wort- und thatenreichen politischen Gegenwart mit vermehrter Kraft zu
Tage fördern.

Wer sich von dieser grundsätzlichen Blindheit für
das „Soll“ im Hauptbuche der Menschheit, von dieser
zum System erhobenen Verkennung und Vertuschung
ihres fortlaufenden Deficits überzeugen will, der studire
die modernen Geschichtsschreiber und Culturhistoriker,
welche nicht Worte genug finden, den glänzenden Stand
des Geschäfts zu verdeutlichen; nur aber die ethische
Dignität des Begriffs der Civilisation naïv übersehen,
wenn sie nicht gleich, wie der in England jetzt „Epoche
machende“ H. Th. Buckle *), dreist behaupten, das Princip
der Perfectibilität liege nur im Intellectuellen, weil die
moralischen Wahrheiten stabil seien und die Tugenden
und Laster der Individuen keine bleibende Spur zurück-
lassen; während die Vortheile der Entdeckungen, z. E.
der Spinnmaschine, ins Unendliche wachsen! Diese
Raffinerie der zum Verstand hinaufgeschraubten Materie
findet denn auch ihr Specificum contra omnes morbos
societatis humanae in der modernen negativen Freiheits-
idee, die mit ihren vier Hauptphasen, als Glaubens-
freiheit, Gewerbefreiheit, Pressfreiheit und Dienstfreiheit
(majestas populi) alle Winkel unseres Erdballs auf das Voll-

---

*) History of civilization in England. Parker, London.
Vol. I.

kommenste zu erleuchten verspricht; ohne dass es auf die, überdies problematische, positive Willensfreiheit auf diesem welthistorischen Standpunkte weiter ankäme.

Unser Philosoph dagegen, dem es Ernst mit den „socialen Problemen“ und um ein positives Resultat ehrlich zu thun war, huldigte anderen Maximen. Er fand für gut, vor Allem an die triviale, der modernen Denkart aber abhanden gekommene Wahrheit zu erinnern, dass das „Volk“ ein Abstraktum ist, und verschärfte Chamfort's Bonmot über die intellectuelle Schwäche der Menge: „Le public! le public! combien faut-il de sots pour faire un public?“ durch sein jederzeit ungescheut ausgesprochenes Misstrauensvotum gegen die moralische Beschaffenheit derselben. Diesem seinem politischen Pessimismus geht der theoretische Beifall der modernen Staatsverbesserer nicht minder ab, als seinem moralischen derjenige unserer modernen Theologen; beide jedoch erkennen in der Praxis die Richtigkeit desselben an, indem die letzteren, wo sie irgend tiefer greifen, mit der Forderung der Selbstverläugnung beginnen; die ersteren aber, sobald es sich nicht mehr um Schönrednerei und Düpirung der Massen handelt, die Ruhe als das grösste Glück und den Gehorsam gegen das Gesetz als die allein wesentliche Pflicht des Bürgers auf das handgreiflichste zu dociren wissen.

Schopenhauer war für seine Person Aristokrat de la

veillue, der schon vor der Erfindung der Eisenbahnen nur mit erster Klasse fuhr und der Erfahrungen der Revolutionen nicht bedurfte, um für seinen Privatgebrauch auf die „Volksrechte" Verzicht zu thun; aber diese seine persönliche Stellung in der Gesellschaft hatte auf seine politische Theorie keinen Einfluss. Nach ihr kommt der Staat nur zu Stande durch eine zwiefache Beschränkung der Einzelwillen, und zwar nicht sowohl ethisch als vielmehr physisch. Indem nämlich der Einzelne sich die erste Beschränkung auferlegt, thut er dies in seinem wohlverstandenen Interesse; denn sein Intellect belehrt ihn, dass dies das einzige Mittel sei, sich in der Gesellschaft mit den Andern vor grösseren Nachtheilen zu schützen. Die innere Gesinnung, welcher allein Moralität oder Immoralität zukommt, der durch äussere Motive nicht zu ändernde ewig freie Wille bleibt dabei unberührt. Der Staat ist daher so wenig gegen den Egoismus überhaupt und als solchen gerichtet, dass er umgekehrt gerade aus dem sich wohlverstehenden, methodisch verfahrenden, vom einseitigen auf den allgemeinen Standpunkt tretenden und so durch Aufsummirung gemeinschaftlichen Egoismus Aller entsprungen und diesem zu dienen allein da ist, errichtet unter der richtigen Voraussetzung, dass reine Moralität, d. h. Rechthandeln aus moralischen Gründen nicht zu erwarten ist. Keineswegs also gegen den Egoismus, als eine Anstalt zur Beförderung der Moralität, sondern allein gegen die nachtheiligen Folgen des Egoismus, welche aus der Vielheit egoistischer Individuen ihnen allen wechselseitig hervorgehen und ihr Wohlsein stören, ist, dieses Wohlsein (το ζῆν εὐδαιμονως) bezweckend, der Staat gebildet. *) Allein diese erste Beschränkung des Eigenwillens genügt noch nicht. Nach ihr liesse sich der Staat noch als Verwirklichung des reinen Rechts denken. Auch dies verbietet der praktische Zweck desselben, indem die unerlässliche Rücksicht auf die intellectuelle Schwäche und moralische Hinfälligkeit der den Staat bildenden Individuen zu einer weiteren Beschränkung der Einzelwillen und damit zur weiteren Entfernung von der rein ethischen Richtung derselben nöthigt. Jene erste Beschränkung bestand in der Unterordnung unter eine gemeinsame Regel, das Gesetz, und konnte recht wohl mit der moralischen Zwecksetzung des Individuums coincidiren; die zweite Beschränkung dagegen geschieht auf Kosten des abstrakten Rechts, indem sich die Autorität im Staate, damit dieser bestehen könne, zum Theil auf die Gewalt und selbst auf das Unrecht stützen muss.

Der reine Rechtsstaat ist mithin eine leere Fiction, und die Politik wird, je mehr sie ihre Aufgabe erkennt, desto mehr eine empirisch pragmatische, überall auf das nächste Bedürfniss und, wo sie je darüber hinaus-

---

*) Die Welt als Wille und Vorstellung, Bd. 1, S. 408.

geht, auf das **Maass** der gegebenen Zustände zurück-
zuführende Wissenschaft. Schon deren Fundamental-
begriff, die Souverainität, wird darnach von Schopenhauer treffend erfasst, wenn er zwar das Recht eines
Sterblichen ein Volk wider seinen Willen zu beherrschen,
läugnet, aber zugleich dieses „Volk" -einen ewig unmündigen Souverain nennt, der unter bleibender Vormundschaft stehen müsse und nie seine Rechte selbst
verwalten könne, ohne grenzenlose Gefahren herbeizu-
führen; zumal er, wie alle Unmündigen das Spiel hinter-
listiger Gauner werde, die deshalb Demagogen heissen.
Ein Recht aber, zu dessen Ausübung ich nicht befugt
bin, steht mir in Wirklichkeit gar nicht zu. Er führt
also wohlverstanden alle Autorität im Staate, da er die
göttliche nicht zur Hand nehmen will, auf dessen
Naturgesetz zurück; lehrt mithin, im Einvernehmen
mit allen echten Politikern von Aristoteles bis auf
Schleiermacher, und im Widerspruch mit den Rodo-
montaden moderner „Spassphilosophen", keinen rein
ethischen, sondern einen physisch gebundenen Staat.
So nennt er die Republiken „widernatürlich, künstlich
gemacht, aus der Reflexion entsprungen"; rechtfertigt
das monarchische Prinzip, ohne dessen repräsentativen
Charakter zu verkennen, mit physischen Analogieen und
wagt mit dem ihm eigenen naïv erhabenen Humor die
Hypothese: dass das Recht von einer analogen Beschaffenheit sei, wie Fluor, Alkohol, Blausäure u. a., die

sich nicht rein und isolirt, sondern nur mit einer Beimischung, die ihnen zum Träger diene oder die nöthige Consistenz verleihe, darstellen lassen: dass es also, um seiner eigentlichen, nur idealen und daher ätherischen Natur ungeachtet, in dieser realen und materiellen Welt wirken und bestehen zu können, ohne sich zu evaporiren und davon zu fliegen in den Himmel, wie dies bei Hesiod geschehe, eines Zusatzes von Willkür und Gewalt nothwendig bedürfe. Des Linnäus' arbiträr und künstlich gewähltes Pflanzensystem könne durch kein natürliches ersetzt werden, so sehr auch ein solches der Vernunft angemessen wäre, und so vielfach es auch versucht worden: weil nämlich ein solches nie die Sicherheit und Festigkeit der Bestimmungen gewähre, die das künstliche und arbiträre habe. Ebenso könne die künstliche und arbiträre Grundlage der Staatsverfassung nicht ersetzt werden durch eine rein natürliche. Der Erfolg des Versuchs einer durchgängigen Herrschaft des abstrakten Rechts in den Republiken Amerikas z. B. spreche nur für die Richtigkeit dieser Ansicht. Niedrigen Utilitarianismus, brutale Rohheit, politische Eskrokerie aller Art, Repudiation öffentlicher Schulden, himmelschreiende Sklaverei, gierige Raubzüge und immer wachsende Ochlokratie sehe man dort Hand in Hand gehen mit der modernen Humanität, deren höchsten Ausdruck er in jener stupiden anglikanischen Bigoterie erblickte, welche die moneymakers auf der

Kehrseite unseres Planeten zur Zeit der „Krisis", als ihnen das Geld ausging, schaarenweise in die Bethäuser trieb und in Conventikeln heulen liess.

Die ausserordentliche Importanz dieser Wahrheit in einer Zeit, in der die Fabrikarbeiter bei fahrenden Aposteln des modernen Evangeliums Vorlesungen über Nationalökonomie hören, mag es entschuldigen, wenn, ich noch den kurzen Paragraphen aus den Parergen hier einflechte, der den Schwerpunkt seiner ganzen Rechts- und Staatsphilosophie enthält: „Ueberall und zu allen Zeiten hat es viel Unzufriedenheit mit den Regierungen, Gesetzen und öffentlichen Einrichtungen gegeben; grossentheils aber nur weil man stets bereit ist, diesen das Elend zur Last zu legen', welches dem menschlichen Dasein selbst unzertrennlich anhängt, indem es, mythisch zu reden, der Fluch ist, den Adam empfing, und mit ihm sein ganzes Geschlecht. Jedoch nie ist jene falsche Vorspiegelung auf lügenhaftere und frechere Weise gemacht worden, als von den Demagogen der „Jetztzeit." Diese nämlich sind, als Feinde des Christenthums, Optimisten: die Welt ist ihnen „Selbstzweck" und daher an sich selbst, d. h. ihrer natürlichen Beschaffenheit nach, ganz vortrefflich eingerichtet, ein rechter Wohnplatz der Glückseligkeit. Die nun hiegegen schreienden kolossalen Uebel der Welt schreiben sie den Regierungen zu: thäten nämlich nur diese ihre Schuldigkeit, so würde der Himmel auf Erden

existiren, d. h. Alle würden ohne Mühe und Noth vollauf
fressen, saufen, sich propagiren und krepiren können:
denn dies ist die Paraphrase ihres „Selbstzwecks." *)
Eine solche Sprache, so illiberal ja inhuman sie an
das verwöhnte Ohr der Gegenwart schlägt, schliesst den
echten Liberalismus so wenig aus, dass sie vielmehr,
aus der tiefen Sehnsucht nach einer besseren Gestalt
der Menschheit hervorgegangen, die unerlässliche Grund-
bedingung zu allen jenen Gütern, deren Erwerb der
moderne Eudämonismus zu seiner Selbstbeschönigung
vorschützt, in das hellste Licht stellt. So tief demnach
Schopenhauer's politische Ueberzeugung von der Nothwendigkeit einer entschiedenen Präponderanz des Auto-
ritätsprincips im Staate auch wurzelte; so streng er
sogar schon „Respekt vor den Fürsten" verlangte, weil
ihr blosses Dasein ein Gewinn, weil ihr Schutz gegen
Pöbelherrschaft und Anarchie nicht leicht zu theuer er-
kauft sei, so war er doch kein Verfechter einer blinden
Reaction. Die Legitimität, äusserte er angesichts der
letzten Ereignisse in Italien, sei eine schöne Sache;
aber sie gebe für sich allein noch keinen Anspruch auf
Erfolg. Um dessen gewiss zu sein, müsse eine Regierung intellectuell über der beherrschten Masse stehen; moralisch aber dürfe sie nicht zu edel sein, wie
Titus, aber ebenso wenig unter das Niveau des allge-

----

*) Parerga, Bd. 2, §. 128.

meinen Rechtsgefühls herabsinken. In diesem Sinn prophezeihte er einem Autokraten der Gegenwart den Sturz mit den Worten: „Er ist zu schlecht."

Von keiner Schwäche war er freier, als vom Nationalstolze, ja er meinte, sein Patriotismus beschränke sich auf die deutsche Sprache, deren sich, wie erwähnt, das Ohr des Knaben während seines zweijährigen Aufenthalts in Frankreich so ganz entwöhnt hatte, dass er sie zum zweitenmal lernen musste. Fremd und misstönend trat sie ihm damals entgegen, aber eben deshalb ging ihm darnach in der Schrift ihre ganze Kraft und Herrlichkeit auf, als er Goethe's unübertragbare Gedichte las. Im Uebrigen schämte er sich, wie mancher grosse Deutsche vor ihm, ein Deutscher zu sein und gedachte mit Vorliebe des Herkommens seiner Ahnen aus den Niederlanden. Dem thatkräftigen Manne war das Maulheldenthum und die Nachäfferei der deutschen Politik so zuwider, dass er hier öft schonungslos tadelte, was er bei andern Nationen übersehen oder entschuldbar finden konnte.

Dem universellen Blick des Philosophen kam dieser sonst nicht löbliche Mangel an Patriotismus zu statten. Er erhitzte sich nicht, wenn er politisirte, solange das Thema dabei blieb; eine wohlthuende Objectivität, die über die ephemeren Interessen des Tags unwillkürlich zu einer weiten Aussicht erhob, liess sein Urtheil selbst dann noch gerecht erscheinen, wenn es einseitig war.

Nicht selten würzte der köstlichste Humor seinen Tiefsinn. So illustrirte er die Geschichte der Jahre 1848— 1851 mit der Parabel Goethe's:

> Ein grosser Teich war zugefroren,
> Die Fröschlein, in der Tiefe verloren,
> Durften nicht ferner quacken noch springen;
> Versprachen sich aber im halben Traum,
> Fänden sie nur da oben Raum,
> Wie Nachtigallen wollten sie singen.
> Der Thauwind kam, das Eis zerschmolz,
> Nun ruderten sie und landeten stolz,
> Und sassen am Ufer weit und breit
> Und — quackten wie vor alter Zeit. *)

Particuläre, geschweige denn locale Fragen berührte er nie: er stand über ihnen; die grossen öffentlichen Ereignisse aber 'verloren in seinen Augen alles Factiöse und Verbitternde. Nur wenn sie ihm allzu nahe rückten und seine Geistesruhe bedrohten, regten sie ihn auf, und als in den Septembertagen 1848 seine Furcht vor der Pöbelherrschaft die höchste Stufe erreichte, dachte er ernstlich daran, aus Frankfurt zu flüchten. In ruhigeren Zeiten aber fand er, dass die Zeitungsschreiber seinen Pessimismus weit überträfen, weil sie sich dadurch interessant machten, und ärgerte sich über die Times, als diese anfangs 1859 den italienischen Krieg prophezeihte, obwohl er mit anderen Politikern bald belehrt werden sollte, dass auch so Etwas möglich war.

---

*) Werke Bd. 2, S. 213.

Bei diesem Anlasse suchte er einen Trost für die Uebel der Zeit in der Betrachtung: dass in politischen Dingen die Menschen am wenigsten wüssten, was ihnen fromme und ob ein Ereigniss ihnen zum Guten oder iSchlmmen ausschlage.

IX.

Wie er lebte.

Man gewinne einen Schriftsteller
nur erst lieb und die geringste Kleinigkeit, die ihn betrifft, hört auf uns
gleichgültig zu sein.

Lessing.

Schopenhauer's Lebensweise war, wie es dem Philosophen ziemt, durchaus nach Grundsätzen geregelt.
An dem, was er einmal als vernünftig adoptirt hatte,
hielt er mit unverbrüchlicher ja pedantischer Strenge
fest. Andere hören den guten Rath auch, aber sie be-
folgen ihn nicht; sie machen Erfahrungen, ohne daraus
für sich Nutzen zu ziehen. Ihm wurde jede neu ge-
wonnene Einsicht in irgend einer Richtung zugleich
Maxime seines Handelns. Blieb er dabei auch nicht
frei von Einbildungen, so förderte doch die eiserne
Consequenz, mit der er verfuhr, sein allgemeines
Wohlbefinden, ihn von Jugend auf vor den peinlichen

Vexationen eines schwachen und unsteten Charakters bewahrend.

Sein allgemeines Vorbild im äusseren Leben war Kant; doch nicht in Allem. Denn er sah in manchen Gewohnheiten dieses grossen Mannes nur die nothgedrungene Rücksicht auf eine schwächliche Constitution, während er selbst sich, als auch in physischen Stücken „wohlgeboren", etwas zutraute.

Vom frühen Aufstehen war er für sich kein Freund, da dem Kopfarbeiter langer Schlaf nothwendig sei; doch that er sich eher Gewalt an, als dass er sich die kostbaren Morgenstunden durch zu langen Schlaf verkürzt hätte. Zwischen 7 und 8 Uhr verliess er, Sommers wie Winters, das Bett und wusch sich kalt mit einem kolossalen Schwamme den ganzen Oberkörper. Den Augen, als dem werthvollsten Sinnesorgan, wandte er besondere Pflege zu: er badete sie, indem er sie mehrmals offen untertauchte, wodurch er den Sehnerven vorzüglich zu stärken glaubte. Bis ins Mannesalter trug er, wie erwähnt, sparsam eine Brille; später, da er „keine Eroberungen mehr zu machen und seine Augen noch lange zu gebrauchen" hatte, legte er dieselbe ab und begnügte sich mit einer Lorgnette. Die abscheuliche Sitte des Einklemmens eines eckigen Glases vor Einem Auge war ihm „ein specieller Beleg der Verkehrtheit der Zweifüsser."

Dann setzte er sich zum Kaffee, den er sich selbst

bereitete. Seine Haushälterin hatte die Weisung, sich in den Frühstunden gar nicht blicken zu lassen; denn er hielt grosse Stücke darauf, seine Gedanken Morgens, wann das Gehirn einem frisch gestimmten Instrumente gleiche, vollkommen concentrirt zu erhalten. Dass Alexander von Humboldt diese kostbaren Stunden des Tages mit Briefschreiben und anderen Allotriis verbracht; dagegen Nachts, wann er von Hof kam, gearbeitet, war ihm ein Indiz gegen die späteren Leistungen dieses schon bei lebendigem Leibe unter die Götter versetzten Mannes seiner Zeit. Die Mangelhaftigkeit des menschlichen Erkenntnissvermögens schilderte er bei solchem Anlass mit lebhaften Farben. In dieser geistigen Sammlung verharrte er bei seiner Arbeit den ganzen Vormittag. In späteren Jahren nahm er in der zweiten Hälfte desselben Besuche an. Da er im Flusse des Gesprächs die Stunde leicht vergass, so erschien um Mittag seine Haushälterin und gab das Zeichen zum Aufbruch. Vor dem Ankleiden spielte er in der Regel eine halbe Stunde auf der Flöte.

Um Ein Uhr ging er zu Tisch. Er war sein ganzes Leben lang der Wirthstafel treu geblieben, ohne sich an deren Schattenseiten zu gewöhnen. Das Lärmen der Gäste, das Rasseln der Teller, die Hudeleien der Kellner waren ihm höchlich zuwider; zuletzt half ihm seine Harthörigkeit darüber hinweg. Er erfreute sich eines starken Appetits. Von der Makrobiotik Cornaro's wollte er nichts wissen: er nannte ihn einen italienischen Hungerleider. Kant und Goethe, seine beständigen Vorbilder, haben auch viel gegessen und seien alt dabei geworden. Seine diätetische Grundmaxime war: Verbrauch der Kräfte und Ersatz derselben im Gleichgewicht zu erhalten, weshalb er es nie an Bewegung fehlen liess. Bei der Mahlzeit sprach er gerne; doch verhielt er sich aus Mangel an tauglicher Tischgesellschaft öfter beobachtend. So legte er z. B. eine Zeit lang täglich ein Goldstück vor sich hin, ohne dass die Tischnachbarn wussten, was er damit wollte; nach aufgehobener Tafel nahm er es wieder an sich. Endlich darüber zur Rede gestellt, erklärte er: das sei für die Armenbüchse, wenn die am Tisch sitzenden Offiziere nur ein einziges Mal eine andere ernsthafte Unterhaltung als über ihre Pferde, Hunde und Frauenzimmer auf die Beine brächten.

Nach Tisch begab er sich gleich wieder nach Hause, nahm seinen Kaffee und hielt eine Stunde Siesta. Den ersten Theil des Nachmittags füllte dann leichtere Lectüre aus. Gegen Abend ging er regelmässig ins Freie. Er wählte gewöhnlich einsame Feldwege; nur wenn das Wetter zu schlecht war, blieb er in den die Stadt umkränzenden Anlagen. Sein Schritt war bis ins letzte Jahr seines Lebens voll jugendlicher Spannkraft und Geschwindigkeit. Während des Gehens pflegte er mit dem Stock, einem kurzen dicken Bambusrohr von Zeit

zu Zeit heftig auf den Boden zu stossen. Vor der
Stadt zündete er sich eine Cigarre an, die er aber
nur zur Hälfte rauchte, da er den feuchten Rest für
schädlich hielt. Zuweilen blieb er stehen, sah sich um,
und eilte dann wieder, einige unarticulirte Laute aus-
stossend, weiter. Diese seine Gewohnheit, sein überaus
sanguinisches Temperament dann und wann laut werden
zu lassen ohne den Ausdruck erst zu wählen, brachte
ihn wohl bei Vorübergehenden in Verdacht, als mo-
quirte er sich über sie; und doch sah er weder rechts
noch links und bedurfte, um eine Physiognomie in
einiger Entfernung zu erkennen, der Lorgnette. Unwahr
ist es, dass er Grüsse nicht erwidert habe; im Gegentheil that er dies, ohne darauf zu sehen, wer ihn
grüsste, den Hut vor Leuten, die ihm gänzlich fremd
waren, am tiefsten abziehend, nach der, so viel ich
weiss von ihm selbst formulirten Maxime: Give the world
its due in bows!

Auf diesen Spaziergängen blieb er vorzugsweise gern
allein, schon deshalb, weil er im Freien, nach Kant's
Beispiel, mit geschlossenem Munde athmete; noch mehr
aber aus dem tiefen Bedürfniss nach ungestörtem Verkehr mit der Natur, deren „durchgängige Wahrheit und
Consequenz" ihn den „Winkelzügen" der menschlichen
Gesellschaft gegenüber wahrhaft anheimelte. Wie er
mit ihr zu leben verstand, sieht man aus seinen vereinzelten Bemerkungen über Naturschönheit. „Wie

ästhetisch ist doch die Natur!" ruft er z. B. bewundernd aus: „Jedes ganz unangebaute und verwilderte, d. h. ihr selbst frei überlassene Fleckchen, sei es auch klein, wenn nur die Tatze des Menschen davon bleibt, dekorirt sie alsbald auf die geschmackvollste Weise, bekleidet es mit Pflanzen, Blumen und Gesträuchen, deren ungezwungenes Wesen, natürliche Grazie und anmuthige Gruppirung davon zeugt, dass sie nicht unter der Zuchtruthe des grossen Egoisten aufgewachsen sind."*) Mit Sehnsucht sah er jedes Jahr dem Frühling entgegen, als dessen erste Vorboten er anfangs März die geschlossenen Blüthenkölbchen der Haselnusssträuche in laues Wasser stellte, damit sie rasch aufgehen und den Blüthenstaub auf seinen Tisch streuen konnten.

In der guten Jahreszeit unternahm er einige grössere Touren, ohne jedoch über Nacht wegzubleiben. Reisen, die ihm in jungen Jahren so reichen Genuss gewährt, hielt er im späteren Lebensalter für unnöthig, ja unpassend. Die moderne zwecklose Reisesucht der vermögenden Stände, das massenhafte „Hin- und Herrutschen zur Erholung" verspottete er derb. Schon die beständigen Hudeleien, denen der Reisende ausgesetzt sei, müssten jeden verständigen Alten davon abhalten. Daher beschränkte er sich seit vielen Jahren

---

*) Die Welt als Wille und Vorstellung, Bd. 2, S. 640.

auf einige wenigen Ausflüge. So fuhr er jeden Sommer einmal — an einem Tage, der „über jeden Verdacht erhaben“ war — nach Mainz, wo er seinen Freund, den Kreisrichter Becker besuchte und in der schönen neuen Anlage am Rheinufer die Freitagsconcerte der österreichischen Militairmusik hörte. Seine grösste Fusstour unternahm er jedes Frühjahr in den Taunus, wo er in Königsstein Rast hielt. Nur sein treuer Gefährte „Putz“ und dessen ähnliche Vorgänger begleiteten ihn auf diesen einsamen Wegen und machten ihm die Gesellschaft des bipes entbehrlich.

Nach dem Spaziergange ging er ins Lesecabinet. Wie erwähnt, las er regelmässig, wenn auch nur flüchtig die Times; dann einige englische und französische Revüen. Den deutschen Zeitungen schenkte er erst, seitdem sie sich mit ihm beschäftigten, grössere Aufmerksamkeit. Von literarischen Zeitschriften las er gewöhnlich die Göttinger gelehrten Anzeigen, die Heidelberger Jahrbücher und W. Menzel's Literaturblatt. Er lobte Menzel, dass er belehrende und unterhaltende Recensionen zu schreiben verstehe, wie dies die Engländer und Franzosen nicht anders gewohnt seien; während unsere deutschen Recensenten den Leser in der Regel nur ermüdeten und im Unklaren liessen, sodass nur die Autoren selbst, über die sie berichteten, daraus klug werden könnten. Das Geschäft der Buchanzeiger sei verständige Exposition des Inhaltes, die in den meisten Fällen der Mühe, das Buch selbst zu lesen, überheben müsse. Am meisten ärgerte ihn der unter unseren Tagesschriftstellern eingerissene Verderb der Sprache. Diesen noch gründlicher an den Pranger zu stellen, als bereits in den Parergen geschehen, war ihm ein wahres Anliegen. Es empörte ihn, dass der Deutsche nicht einmal über das einzige Gut, auf das er stolz sein könne, Wache halte. Während des Abendessens las er die neuesten Nachrichten in der Frankfurter Postzeitung.

In früheren Jahren brachte er die meisten Winterabende im Concert oder Theater zu; da ihm jedoch seine Harthörigkeit diese Genüsse allmählich verkümmerte, beschränkte er sich auf einzelne Symphonieen, Oratorien und classische Opern. Zwischen 8 und 9 Uhr ging er zum Nachtessen, das gewöhnlich in einer kalten Fleischspeise und einer halben Flasche leichten Weines bestand. Der Wein erregte ihn leicht, sodass er schon nach dem zweiten Glase lebhafter wurde. Er war geneigt, es als ein Zeugniss gegen die geistige Anlage eines Menschen anzusehen, wenn einer mehr als eine Flasche vertragen konnte. Gegen Bier hatte er eine entschiedene Abneigung. Er sass in der Regel allein, fing nicht leicht ein Gespräch mit fremden Tischgenossen an und rügte es als eine Verletzung der guten Sitte, wenn ein Unbekannter sich neben ihn setzte, während Platz genug an der Tafel war. In jüngeren Jahren gab er manchmal die gewohnte Zurückhaltung auf, um auch Fremden gegenüber seine Meinung zu äussern, später aber sagte er mir einmal, als er eben einen Zudringlichen ohne Antwort gelassen: „Incognito geht das nicht mehr; ausser mit Engländern." Seit er nur noch auf dem linken Ohr hörte, war es ihm überhaupt unangenehm, wenn Zwei zugleich mit ihm sprachen. Sonst liebte er, wie gesagt, die Unterhaltung bei Tische sehr und blieb, wenn das Gespräch nach seiner Art war, ohne eine Spur von Ermüdung bis tief in die Nacht hinein sitzen.

Wenn er keine Gesellschaft hatte, wie in der Regel, ging er bald heim, zündete sich eine Pfeife an und las noch eine Stunde. Er bediente sich fünf Fuss langer Weichselrohre, weil ihm die Abkühlung des Dampfes sonst nicht genügend schien. Bevor er zu Bette ging, schlug er nicht selten noch seine Bibel, das Oupnekhat auf, um darin seine Andacht zu verrichten. Dieses Buch, meinte er, werde auch sein letzter Tröster in der Todesstunde sein. Er schlief Sommers und Winters kalt, unter einer leichten Decke. Sein Schlaf war bis zu seinem Ende fest und tief.

Seine Privatökonomie war im höchsten Grade geregelt. Das mässige väterliche Erbtheil verwaltete er mit ängstlicher Vorsicht und vermehrte dasselbe trotz der früheren erheblichen Verluste im Laufe eines langen

Lebens durch Ordnung und Sparsamkeit auf das Doppelte. In den letzten Jahren trugen ihm die neuen Auflagen seiner Schriften, für die er früher kaum Gratisverleger gefunden, Erklecklichkes ein und er sagte scherzend: in einem Alter, in dem Andere nichts mehr verdienen könnten, werde er noch zum Erwerbsmanne. Alle Einnahmen und Ausgaben notirte er sich täglich. So hatte es ihn sein Vater gelehrt.

Seine häusliche Einrichtung war sehr einfach. Erst nach seinem fünfzigsten Jahre schaffte er sich eigenes Mobiliar an. Für feineren Comfort und ästhetische Ausschmückung seiner Umgebung hatte er wenig Sinn. Seine Zimmer hinterliessen den Eindruck eines Absteigequartiers, in dem man nicht lange zu bleiben gedenkt: es war eine Wohnung für den Fremdling auf Erden. Ein Jahr vor seinem Tode bezog er eine neue, Schöne Aussicht Nr. 16, in der ihm die saalartige Grösse seines Studirzimmers gestattete, seine ganze Bibliothek darin aufzustellen. Dadurch wurde es wärmer und freundlicher bei ihm. Auf einem Marmorconsol in der Ecke dieses Zimmers, in welchem er auch gestorben ist, stand eine vergoldete echte Buddhastatuette; auf seinem Schreibpulte die Büste Kant's; über dem Sopha hing ein Oelporträt Goethe's; an den Wänden umher verschiedene Porträts Kant's, Shakespeare's, Descartes', Claudius', einige Familienporträts, das erwähnte

Jugendbild und die Daguerreotypen von ihm aus verschiedenen Lebensaltern, umgeben von zahlreichen
Hundestücken von Wollett, Ridinger u. A. Neben
dem Sopha ruhte sein Pudel auf einem schwarzen
Bärenfelle.

X.

Wie er endete.

———

Σκιας οναρ ανθρωποι.
Pindar.

Schopenhauer erfreute sich bis in sein letztes Lebensjahr einer überaus festen Gesundheit und fand an sich den Satz bestätigt: crescente aetate crescit valetudo et morbus. Vor einigen Jahren befiel ihn bei Tische eine Ohnmacht, die keine weitere Störung zurückliess. Sonst kann ich mich aus seinem späteren Leben nicht erinnern, dass er genöthigt gewesen wäre, die gewohnte Lebensweise auch nur für kurze Zeit zu unterbrechen. Im April 1860 aber, als er eines Tages vom Mittagstische kam und seinen gewöhnlichen energischen Schritt nach Hause richtete, empfand er plötzlich Athmungsbeschwerden und Herzklopfen. Diese Symptome wiederholten sich den Sommer über und zwangen ihn zuweilen, auf offener Strasse anzuhalten, auch, da er sich an langsames Gehen nicht gewöhnen wollte, seine Spaziergänge abzukürzen. Im August trat Morgens nach dem Aufstehen der erste bedenkliche Anfall ein, wobei er sich entfärbte und zu ersticken schien. Sein Arzt fand keine organische Veränderung und beschränkte sich darauf, ihm schmälere Kost anzurathen. Gegen alle Medicamente hatte Schopenhauer den natürlichen Widerwillen eines von Jugend auf gesunden Menschen und hielt Alle für Thoren, die sich die verlorene Gesundheit aus der Apotheke wieder einkaufen wollten. Die Kunst, die Maschine unseres Leibes im Ganzen tüchtig zu erhalten, fiel ihm mit der Behandlung der erkrankten zusammen. Indessen war er mit seinen mangelhaften pathologischen Kenntnissen immer sehr unzufrieden, während er sich in der Physiologie zu Hause fühlte. Ich rieth ihm, die kalten Flussbäder einzustellen und im Bette zu frühstücken, wozu er aber nicht zu bewegen war.

.Am Morgen des 9. September, nachdem sich einige Tage zuvor der Erstickungsanfall wiederholt hatte, wurde ich zu ihm gerufen und fand ihn von einer Lungenentzündung ergriffen. Er sagte gleich, dies sei sein Tod; erholte sich aber, nachdem die Krisis eingetreten war, in wenigen Tagen wieder so rasch, dass er das Bett verlassen und einige Besuche empfangen konnte. Wie sehr er geschwächt war, fühlte er wohl; doch gab er sich der Hoffnung auf Genesung hin, als ihn am

zehnten Tage, nach dem Aufstehen abermals ein Anfall traf.

Am Abend dieses Tages sprach ich ihn zum letzten
Mal. Er sass auf dem Sopha und klagte über inter-
mittirende Palpitationen; während seiner Stimme nichts
von der gewohnten Stärke fehlte. Er las in D'Israeli's
curiosities of literature, die ihm eine leichte Unterhaltung gewährten, uud hatte die Stelle aufgeschlagen,
welche von den Autoren handelt, die ihre Verleger zu
Grunde gerichtet hätten. „Dazu hätten sie mich auch
beinahe gebracht", sagte er scherzend. Dass seinen
Leib nun bald die Würmer zernagen würden, sei ihm
kein arger Gedanke: dagegen denke er mit Grauen
daran, wie sein Geist unter den Händen der „Philosophieprofessoren" zugerichtet werden würde. Er fragte nach
dem Neuesten in Politik und Literatur und sprach die
Hoffnung aus, dass Italien doch noch eins werden
könne; gab mir aber zu, dass wir dann das alte, reich
individualisirte Italien, an dessen vielfachen Spaltungen
in Charakter, Geist und Sitte, vielleicht unbewusst jener
grosse Antheil des gebildeten Europa Jahrhunderte lang
gehaftet, gegen ein modern verwischtes und nivellirtes
vertauschen müssten.

Als literarische Neuigkeit hatte ich ihm Baader's
Commentar zu St. Martin's Schriften mitgebracht und
die Stellen angezeichnet, an denen der Herausgeber
seiner erwähnt. „Können Sie aber so Etwas lesen?'

fragte er, auf die zufällig aufgeschlagene Stelle S. 86 zeigend: „„Der Mensch richtet oder dirigirt sein Wollen, welches er als Odem nur hat, wenn er es empfängt, und es empfängt, wenn er es giebt.““ „Es giebt mancherlei Philosophen, abstrakte und concrete, theoretische und praktische: dieser Baader ist ein unausstehlicher.“ Ich erinnerte ihn daran, dass Baader schon 1836 in der spekulativen Dogmatik den Studenten seine Werke empfohlen und, trotz des grossen Abstandes der beiderseitigen ·Denkweisen, in den Vorlesungen über Jakob Böhme's Theologumena und Philosopheme anerkannt habe, dass Schopenhauer „durch sein Werk und durch seine Aufrichtigkeit sich ein ungleich grösseres Verdienst erworben, als eine Unzahl anderer, in demselben Geiste schreibender Philosophen unserer Zeit.“ *) „Es ist wahr“, erwiderte er: „ich erinnere mich, er hat glimpflich von mir gesprochen; aber ich kann ihm nicht helfen.“ Die Form des Philosophirens, welche man einem Böhme und seiner Zeit nachsehen muss, ist im neunzehnten Jahrhundert allerdings unerträglich und hieraus dieses wegwerfende Urtheil Schopenhauer's über einen so mächtigen Geist zu erklären.

Ueber dem Gespräch war es dunkel geworden; die Haushälterin stellte die Leuchter auf — denn das ver-

---

*) Franz von Baader's sämmtliche Werke, Bd. III, S. 366.

deckte Licht einer Lampe mochte er nicht — und ich
konnte mich noch seines hellen Blicks freuen, in dem
nichts ·von Krankheit und Alter zu lesen war. Es
wäre doch erbärmlich, sagte er, wenn er jetzt sterben
sollte: er habe den Parergen noch wichtige Zusätze zu
geben. Er kam auf die Entstehungsgeschichte des
Buchs, welches ihn zuerst in weiten Kreisen bekannt
gemacht hatte. Die Hauptsache seien die Paralipomena,
die im Hauptwerke ihre Stelle gefunden haben würden,
wenn er zu jener Zeit· hätte hoffen dürfen, dessen
dritte Auflage zu erleben.

Bei der ungewöhnlichen Rüstigkeit seines Greisen-
alters, die ihm bis zuletzt den vollen Genuss seiner
Kräfte erlaubte, bei der fast jugendlichen Energie aller
geistigen Functionen, die ihn bis an den äussersten
Rand seines Lebens begleitete, durfte er wohl erwarten,
ein höheres Alter zu erreichen. Zeichnet doch die
nach dem siebenzigsten Jahre geschriebenen Zusätze
zur „Welt als Wille und Vorstellung" dieselbe Frische,
derselbe lebendige Fluss, ja, wenn möglich, eine grössere
Klarheit aus, als das, was er vierzig Jahre früher geschrieben. Mit solchen Bemerkungen suchte ich ihn
aufzuheitern. Die gefährlichste Periode des höheren
Alters schienen ihm die ersten siebenziger Jahre zu
sein; wenn diese glücklich überschritten wären, würden
die nächsten zehn leichter erlebt. Früher glaubte er
seiner Feinde wegen lange leben zu müssen; jetzt lebte

er gerne, um sich in der warmen Anerkennung zu
sonnen, die ihm von allen Seiten, selbst aus den ent-
legensten Orten entgegenkam. Er legte Werth darauf,
dass seine Schriften von Dilettanten und, nach deren
Art, mit Enthusiasmus ergriffen wurden: nur bei ihnen
hoffte er den zum Verständnisse derselben nöthigen
Grad von Unbefangenheit und Unabhängigkeit finden
zu können. Am meisten aber freute es ihn, wenn er
von manchen Seiten Beweise erhielt, dass seine scheinbar gänzlich irreligiösen Lehren „als Religion anschlugen“,
und den leergewordenen Platz des verlorenen Glaubens
ausfüllend, zur Quelle innerster Beruhigung und Befriedigung wurden. In der That der beste Beweis
seines unsterblichen Genies! denn dem Werke eines
blossen Talents wird so etwas auf dem trockenen Felde
der Abstraktion nimmer gelingen. So hatte er in diesen
letzten Tagen Briefe aus weiter Ferne erhalten, darunter
einen anonymen von zwei Zöglingen einer österreichischen Militairschule, dessen Inhalt den vollen Herzens-
antheil verrieth, der diese Jünglinge veranlasst, aus der
Clausur der Cadettenschule heraus ihre geistigen Fühler
nach ihm auszustrecken. Er hatte sich ausnahmsweise
herabgelassen, ihnen mit der vorgeschriebenen geheimen
Adresse zu antworten und auf ihre Skrupel ausführlich
einzugehen.

Unter diesen Betrachtungen war er wärmer und
weicher geworden als ich ihn jemals gesehen hatte.

Ungern verliess ich ihn, um seine Kräfte zu schonen. Keine Ahnung sagte mir, dass ich ihm zum letzenmal ins Auge sah, zum letztenmal die Hand drückte. Ernsthaft äusserte er noch: es würde für ihn nur eine Wohltbat sein, zum absoluten Nichts zu gelangen; aber der Tod eröffne leider keine Aussicht darauf. Allein, es gehe wie es wolle, er habe zum wenigsten ein reines intellectuelles Gewissen.

Am nächsten Tage war ich verhindert, ihn zu sehen. Den darauf folgenden 20. September befiel ihn Morgens nach dem Aufstehen ein heftiger Brustkrampf, sodass er auf den Boden fiel und sich die Stirne verletzte. Den Tag über fühlte er sich wieder frei und die folgende Nacht verlief gut. Er war wie gewöhnlich aufgestanden, hatte sich kalt gewaschen und alsdann zum Frühstück gesetzt; die Haushälterin hatte eben erst die Morgenluft in das Zimmer gelassen und sich dann entfernt. Einige Augenblicke später trat sein Arzt herein und fand ihn todt, auf den Rücken gelehnt in der Ecke des Sophas sitzend. Ein Lungenschlag hatte ihn schmerzlos dieser Welt entrückt: das Gesicht war unentstellt, ohne die Spur eines Todeskampfs. Er hatte immer gehofft, leicht zu sterben; denn wer sein Leben lang einsam gewesen sei, werde sich auf dieses solitaire Geschäft besser verstehen als Andere. Statt unter den auf die ärmliche Kapacität der bipedes berechneten Alfanzereien, werde er im freudigen Bewusstsein endigen, dahin zurückzukehren, von wo er so hoch begnadigt ausgegangen sei, und seine Mission vollbracht zu haben.

Seinem bei mir schriftlich niedergelegten Willen gemäss unterblieb die Section der Leiche. Das Haupt mit einem Lorbeerkranze geschmückt, wurde sie am 23. September in einer Leichenkammer des Friedhofs in der Stille beigesetzt und erst am 26. September feierlich beerdigt. Vor dem kleinen, wunderlich gemischten Häuflein, das sich zu dieser Feier, zum Theil aus der Ferne, zusammengefunden, sprach zuerst Pfarrer Dr. Basse im Geiste der evangelischen Kirche; dann ich das Folgende.

„Der Sarg dieses seltnen Mannes, der ein Menschenalter hindurch in unserer Mitte lebte und gleichwohl ein Fremdling unter uns blieb, fordert seltne Gefühle heraus. Keiner steht hier, der ihm durch die süssen Bande des Bluts angehörte; einsam, wie er gelebt, ist er gestorben. Und doch sagt uns Etwas vor diesem Todten, er habe Ersatz gefunden für seine Einsamkeit. Sehen wir Freund wie Feind so verlassen hinabfahren in die Nacht des Todes, so öffnen sich unsere Augen für ein Glück, das da bleiben könnte, und jedes andere Gefühl schweigt vor dem brennenden Durste nach den Quellen des Lebens. Diese heisse Begierde nach der Erkenntniss des Ewigen, die Meisten nur im Angesicht des Todes, nur selten und flüchtig wie im Traum beschleichend — ihm war sie die unwandelbare Gefährtin eines langen Lebens. Ein echter Liebhaber der Wahrheit, der das Leben ernst nahm, brach er von Jugend auf ungestüm ab, wo er auf Schein stiess, auf die Gefahr hin, mit allen Menschen, allen Verhältnissen zu brechen. Dieser tiefe, sinnige Mensch, dem doch ein Herz in der Brust schlug, lief er nicht beleidigt, wie ein Kind, das sich im Spiele erzürnt, durch sein ganzes Leben dahin — einsam und unverstanden, nur sich selbst getreu?

Frei geboren und erzogen, blieb sein Genius ungebeugt von den Bürden der Welt. Immer pries er dankbar diese grosse Gunst seines Schicksals, einzig bemüht, sie zu verdienen, und stets bereit, Verzicht zu thun auf Alles, was sonst die Herzen der Menschen erfreut, im Angesicht seines erhabnen Berufs. — Lange blieb ihm sein irdisches Ziel verhüllt: der Lorbeer, der jetzt seine Stirne umflicht, ward ihm erst am späten Abend gereicht; aber felsenfest wurzelte in seiner Seele der Glaube an seine Bestimmung. Während der langen Jahre unverdienter Verborgenheit wich er keinen Fuss breit ab von seinem einsamen hohen Weg und ergraute lächelnd im harten Dienst der spröden Geliebten, die er sich erwählt, eingedenk jenes Spruches aus dem Buche Esra (vor der neuen Ausgabe seiner Ethik, deren Erscheinen er nicht mehr erleben sollte): „Gross ist die Macht der Wahrheit und sie wird siegen."

Welche von uns so glücklich waren, dem ausserordentlichen Manne näher zu stehen, ich meine zu einer Zeit, da noch kein Tagesblatt von ihm sprach und der „Narr" in unserer Mitte noch nicht als der „Weise von Frankfurt" in Geltung stand, die werden sich des Vereins eines seherhaften Scharfblicks, den nie das Ausserwesentliche an den Erscheinungen irrte, mit jener, wie soll ich sagen, kindlichen Hülflosigkeit im Wirken auf dieselben, jener dem Genie so eignen Thorheit in den Augen der Welt — sie werden sich dieses wunderbaren Vereins in den lebensvollen feinen Zügen des Mannes, in dem zu allen Stunden von der Idee beseelten glanzreichen geistigen Auge an dieser Stätte erinnern.

So möge sein Bild unter uns fortleben — unentstellt durch das falsche Lob und den falschen Tadel, die sich an die Fersen des Ruhmes heften. Er wird nicht vergessen werden! Dafür bürgt, dass er nicht den Weg der Ephemeren gegangen ist, die ihre vergängliche Sache suchen; sondern sein Verdienst in der Sache der Wahrheit selbst suchte. Wie manche Schlacke des Irrthums auch von dem Gold der Erkenntniss abgeht, das er in einem, ganz dem Dienst der Wissenschaft geweihten, hochbegabten Leben zu Tag gefördert — zwei Grundpfeiler seiner Lehre werden stehen, wann längst die Spur seines Grabes, das wir hier gründen, nimmer aufzufinden ist.

Alles Gute sollte nicht in die Mode kommen, denn

ihr Wesen ist der Wechsel; still und langsam, aber unaufhaltsam sollt' es sich seine Bahn brechen wie die Natur. Unseres Freundes Lehre war, wie der Schnitt seines Rockes, völlig aus der Mode und wird es — einiger gutgemeinten aber übel angebrachten Posaunenstösse ungeachtet — bleiben. Ein für unsere Apothekerphilosophen und modernen Eklektiker gänzlich überwundener Standpunkt: der Idealismus bildet den Grund derselben.. Es weht kein Geist darin, der den Phosphor zum Vater hätte! In einer Zeit, die, vermessen durch die Erfolge der menschlichen Kräfte im äusseren Leben, den jahrtausendalten Besitzstand des inneren, die Fundamente unserer geistigen Existenz mit plumper Hand antastet — in einer solchen Zeit erscheint seine, allerdings überkühne, idealistische Grundansicht — die aber zu den eigentlichen Mysterien der Philosophie gehört — als das kräftigste Gegengift gegen die zersetzende Säure des Materialismus.

Aber er war mehr als Idealist. Sein geistiges Princip war kein leerer Gedankenschemen. Er kam aus der Schule Platon's und Kant's. Daher seine herrliche ethische Tiefe. Seinem Scharfblick entging nicht der Stand der Erniedrigung, der Corruption, in dem wir leben. Die Leiden der Welt und die Nichtigkeit des irdischen Daseins auf ihren wahren Ursprung, den verkehrten Willen zurückführend, und den letzten Zweck der Dinge ausschliesslich im Sittlichen findend,

adelte er seine Lehre zu jener erhabenen Mission,
welche die auserwählten Denker aller Jahrhunderte der
höchsten Wissenschaft immer zugeeignet haben. Ja,
wenn wir dem merkwürdigen Manne ganz gerecht werden sollen, so müssen wir anerkennen, dass er der
Erste gewesen, welcher die Ethik zur Metaphysik, das
Sittliche zum Absoluten erhoben, indem er, den
Willen als das Wesen der Dinge fassend, dem vielver-
schlungenen Räthsel der Welt eine einfache, rein sittliche Lösung gab, indem er den sittlichen Willensact
mit dem innersten Wesen der Welt identificirte. Die
Frage freilich nach der Daseinsform dieses Dinges an
sich, ausserhalb jeder Verkörperung, wies er,
als unbefugt, entschieden zurück und leugnete deshalb
an demselben auch die Form des menschlichen
Bewusstseins, welches dem Bedürfnisse des philosophischen Neulings so ganz unentbehrlich erscheint,
dass er dasselbe, auch noch im siebenten Himmel, nicht
ohne gewaltigen Anstoss vermisst.

Eine solche Lehre, theoretisch wie praktisch auf
die Verläugnung der Sinne gerichtet, darf der Staat
getrost walten lassen, und es befremdet Niemanden, die
atheistischen Bücher Schopenhauer's unverboten zu
sehen. Die sittliche Ordnung der Dinge, Recht und
Gesetz in uns, ausser uns und vor Allem über uns,
in Gestalt einer starken Autorität über die Leidenschaften der Masse, das war ihm das einzig Tröstliche

und Bedeutsame in den Verhältnissen der Menschen, deren natürlicher Selbstsucht er in allen Stücken das Schlimmste zutraute. Für diese Sinnesart legt noch sein letzter Wille Zeugniss ab, wodurch er seine Landsleute, die im Kampf gegen die Revolutionsmacher unserer Tage invalid gewordenen Preussen zu Erben seines Nachlasses eingesetzt hat. Bei aller dieser Entschiedenheit seines Urtheils und seiner Gesinnung, bei aller Schroffheit in der Aeusserung derselben, schlug ihm ein weiches, unendlich empfängliches, freilich auch unendlich empfindliches, reizbares Herz in der Brust. Der flache Blick des Alltagsmenschen sah den Misanthropen in ihm: aber wie gering er von den Menschen auch dachte, er fühlte mit ihnen, er war voll von Mitleid.

In jüngeren Jahren trat ihm die Versuchung nahe, ein Haus zu gründen; er folgte ihr nicht und blieb einsam; dankbar erkannte er an, dass sein guter Stern ihn nicht reicher sein liess, als eben für ihn nöthig war, damit er selbst sorgenfrei sein konnte. Und ein Haus hat er dennoch gegründet, in dem die Menschheit Eintritt hat: den kühnen, kunstreichen Bau seiner tiefsinnigen Gedanken, in dessen dunkeln Grund — nach Jean Paul's schönem Gleichniss auf ihn — das irdische Tageslicht nicht, wohl aber das ferne Licht überirdischer Sterne hinableuchtet. — Sei ihm die Erde leicht! Friede seiner Asche!" —

Ein von Immergrün umrankter flacher Grabstein

von schwarzem belgischem Granit deckt seine Ruhestätte. Die Grabschrift aber weicht von der englischen
Sitte, der er bis dahin folgte, auffallend ab. Denn
auf englischen Gräbern finden wir ganze Nekrologe,
sogar mit Citaten aus Zeitungsartikeln in den Marmor gegraben; bei ihm dagegen nur *Arthur Schopenhauer* „nichts
weiter, kein Datum, noch Jahreszahl, gar nichts, keine
Sylbe." Und als ich ihn fragte, wo er ruhen wolle,
sagte er: „Es ist einerlei, sie werden mich finden."

Sein Schädel.

Der von der Leiche genommene Gypsabguss umfasst leider nicht den ganzen Kopf, sondern bricht vornen unter der Nase, hinten unter dem Hinterhauptswirbel und an den Seiten mit den oberen Ohrlappen ab; sodass namentlich die so wichtigen Oeffnungen des Gehörganges fehlen und die kranioskopische Messung auf die Breitemaasse beschränkt ist. Wie sehr die Kenntniss unseres wichtigsten Organs noch in der Wiege liegt, erhellt schon daraus, dass man bis heute nicht daran denkt, die Schädel bedeutender Menschen vor dem Untergange zu retten oder auch nur von aussen und innen gewissenhaft abzuformen. Irgend ein glücklicher Zufall setzt die wenigen Forscher auf diesem schwierigen Gebiete in den Besitz einer geringen Zahl merkwürdiger Köpfe, und diesem spärlichen, zum Theil eben nur aus mangelhaften Abgüssen bestehenden Material verdanken wir doch bereits die interessantesten Aufschlüsse. Um daher die Pietät besser anzubringen als bisher, sollte man eine Rettungs- und Bewahranstalt grosser Köpfe (nicht Dickköpfe!) in Form eines Schädelvereins stiften.

Doch die Sache ist ernst! Was beim ersten Blick auf diesen gewaltigen Kopf am meisten imponirt, ist dessen enorme Breite. Die Ohren stehen ungemein tief und ihre Entfernung (Ohrwirbelbreite) beträgt 6 " 6 '''.*) Vergleichen wir damit vier der vollkommensten Schädel, von denen zwei (Kant und Schiller) ideale, zwei dagegen (Napoleon und Talleyrand) praktische Genies waren und welche alle, mit Ausnahme Kant's, grösseren Skeletten angehörten, so finden wir bei Kant eine Ohrenbreite von 6 " 1½ '''; bei Talleyrand 5 " 8 "; bei Napoleon 5 " 7 '''; bei Schiller 5 " 6 '''. Nicht viel weniger excellirt die Mittelhauptbreite mit 6 " 4 '''; bei Schiller und Kant 5 " 10 '''; bei Napoleon 5 " 8 '''; bei Talleyrand 5 " 7 '''. Noch exorbitanter ist die Augen-

---

*) Die mit dem Tasterzirkel und zur Controle mit dem Maassstabe von der geometrischen Zeichnung durch den in diesem Fache bewährten Anatomen Dr. J. Ch. G. Lucae genommenen Maasse verstehen sich von Pariser Zollen. Jeder Durchmesser ist zum Zwecke der Vergleichung mit den Maassen nach dem nackten Schädel, wie sie Carus zusammenstellt, um 2 ''' reducirt.

breite von 5″; bei Napoleon 4″ 6‴; bei Kant 4″ 3‴; bei Schiller und Talleyrand 4″ 2‴. Die Stirnbreite beträgt nicht weniger als 5″ 5‴; bei Kant 4″ 10‴; bei Talleyrand 4″ 9‴; bei Schiller 4″ 8‴; bei Napoleon 4″ 5‴. Am weitesten aber überragt er die Andern an der Breite des Hinterhaupts mit 5″ 4‴; bei Kant 4″ 2‴; bei Schiller und Talleyrand 4″; Napoleon fehlt, da die von der Leiche genommene Maske, welche Carus benutzt hat, nur die vordere Hälfte des Kopfes umfasst. Dieser ausserordentlichen Breite des ganzen Kopfs entspricht seine grosse Tiefe: der Durchmesser von der Nasenwurzel zum Hinterhauptswirbel beträgt 7″ 5‴; bei Talleyrand 7″ 1‴; bei Kant 7″; bei Schiller 6″ 11‴.

Die Länge der einzelnen Wirbelbogen lässt sich bei dem Mangel der Nähte an dem Gypsabgusse auch nur mit annähernder Bestimmtheit nicht messen. Wir müssen uns auf die Umfänge des ganzen Schädels beschränken. Der Höhenumfang von der Nasenwurzel bis zur protuberantia occipitalis beträgt 370 Millimeter; der Höhenumfang über der Ohrenbreite 330; der Umfang des Hinterhaupts von Ohr zu Ohr 260; der Umfang des Vorderhaupts von Ohr zu Ohr 330; der Querumfang über Stirn und Hinterhaupt 600.

Zur annähernden Schätzung der fehlenden Höhenmaasse bietet die geometrische Zeichnung am Schlusse dieser Schrift die vereinigten Contoure der Seitenansicht der

Schädel Schopenhauer's, Napoleon's (Vorderhaupt), Kant's, Schiller's, Tiedge's, Talleyrand's und eines Kretin's; bei deren Vergleichung jedoch für Schiller und den Kretin 2 Linien im Durchmesser oder 1 Linie an der Peripherie zur natürlichen Grösse hinzuzurechnen sind, da hier der Umriss vom nackten Schädel genommen ist; während die übrigen Köpfe mit ihren natürlichen Bedekkungen abgegossen wurden. Den gemeinsamen Mittelpunkt bildet die Oeffnung des Gehörganges, welcher freilich bei Schopenhauer nur annähernd getroffen werden konnte. Zur richtigen Würdigung der Verhältnisse darf man ferner nicht vergessen, dass Schopenhauer und Kant nur kleine Männer waren und der letztere sogar einen äusserst schwachen Knochenbau hatte. Die unter der Zeichnung abgebildeten Maasse der Vorderhauptbreiten dienen zur Vergleichung mit den dargestellten Höheverhältnissen. So excellirt Napoleon durch die Grösse und Höhe des Vorderhaupts, während er in Bezug auf dessen Breite, an welcher Schopenhauer Alle weit übertrifft, nur die fünfte Stelle einnimmt. Der gemüthreiche Tiedge zeichnet sich durch starke Entwicklung des Mittelhaupts bei verhältnissmässig schwacher Ausbildung des Vorder- und mehr noch des Hinterhaupts aus. Kant's Kopf fällt, bei ausserordentlicher Breite und Tiefe, in der Höhe (Gemüthssphäre) entschieden ab. Schiller's Schädel dagegen zeigt eine fast vollkommene Harmonie in der Entfaltung aller drei

Sphären; während bei Talleyrand's schönem Kopfe die Entwicklung des Mittelhaupts gegen Vorder- und Hinterhaupt zurücksteht.

Ich füge noch die sogenannten Organenmaasse der neueren Phrenologie nach Dr. Scheve's gänzlich unbefangener Messung bei: „Geschlechtsliebe gross bis sehr gross; Anhänglichkeit mittelmässig bis ziemlich gross; Kampfsinn ziemlich gross; Thätigkeitssinn oder Zerstörungssinn sehr gross; Verheimlichungssinn gross; Eigenthumssinn gross bis sehr gross; Festigkeit ziemlich gross; Rechtsgefühl oder Gewissenhaftigkeit ziemlich gross; Verehrung ziemlich gross; Hoffnung gross; Wohlwollen ziemlich gross; Sinn für Neues mittelmässig; Idealität mittelmässig; Gegenstandssinn gross; Gestaltsinn ziemlich gross; Ortssinn gross; Thatsachensinn ziemlich gross; Wortsinn ziemlich gross; Vergleichungsvermögen gross; Schlussvermögen ziemlich gross." Die nicht erwähnten Organe lassen keine sichere Bestimmung zu. .

Legen wir nun den von dem jüngeren Carus *) aufgestellten, osteologisch, physiologisch und morphologisch plausibelsten **) Grundsatz der Dreitheilung des

____

*) Grundzüge einer neuen und wissenschaftlich begründeten Cranioscopie. Stuttgart 1841. Atlas der Cranioscopie. 3 Hefte. Leipzig 1843—45. Dem letzteren sind die verglichenen Schädelmaasse und Seitenansichten entnommen.

**) Trotz der plumpen Angriffe materialistischer und spiritualistischer Empiriker. Vergl. C. Vogt, Physiologische

Gehirns, nach den drei Embryonalzellen der Sinnes-
nerven, in die Hemisphären des Vorderhaupts = Erkennt-
nisssphäre; die Vierhügel (mittlere Hirnmasse) = Gefühls-
sphäre, und das kleine Hirn = Willenssphäre, welcher
Dreitheilung sich auch die Ergebnisse der Gall'schen
Schädellehre, so weit sie Beachtung verdienen, vortrefflich einfügen, der psychologischen Beurtheilung des
Schopenhauer'schen Schädels zum Grunde, so ergiebt
sich, trotz der fehlenden Höhenmaasse, ein entschiedenes
Ueberwiegen der Erkenntniss- und Willenssphäre über
die Gefühls- oder Gemüthssphäre. Alle drei Haupt-
wirbel sind zwar im allgemeinen in hohem Grad ausgebildet; die enorme Entwicklung der Kraft- und
Willenssphäre aber giebt dem Kopfe so sehr seinen
unterscheidenden Charakter, dass derselbe auf den ersten
Anblick nicht als der eines Gelehrten, sondern als der
eines Athleten erscheint. Wie sehr gleichwohl diese
Fülle der Kraft im Dienste der Erkenntniss stand, verräth uns die starke Entwicklung des Vorderhauptes,
besonders die enorme Weite der Augensphäre und die
Breite des Vorderhauptwirbels an der Stelle des sogenannten vergleichenden Scharfsinnes. Dagegen ist die

----

Briefe, zwölfter Brief, S. 208 und J. Ennemoser, Der Geist
des Menschen in der Natur oder die Psychologie in Uebereinstimmung mit der Naturkunde. Stuttgart und Tübingen
1849. S. 772. Die Widerlegung derselben gehört nicht
an diesen Ort.

Sphäre der Vierhügel *), des Mittelhauptwirbels, verhältnissmässig entschieden schlechter dotirt, sodass die
Steichung des Wirbelbogens des Mittelhauptes im Verhältniss zu dessen ausserordentlicher Breitefülle gering
erscheint und die Vermuthung rechtfertigt, dass die
Section einen noch bedeutendern, durch die Ausdehnung
der beiden anderen Sphären, besonders des kleinen
Hirns verdunkelten Abstand zwischen der Masse dieser
und der Masse der Centralgebilde ergeben haben
würde. Die phrenologische Beurtheilung des Kopfes
durch Scheve stimmt hiermit im Allgemeinen ganz
überein, indem die wichtigsten Organe des Gemüths-
und Gefühlslebens, von der Mangelhaftigkeit ihrer Be-
nennungen: Idealität (Schönheitssinn), Sinn für Neues
(Wundersinn), Festigkeit, Gewissen, Wohlwollen und Ehr-
frucht abgesehen, sämmtlich kleiner angegeben sind.
Nur der Sinn der Hoffnung macht eine Ausnahme.

Der Mensch, der nach diesen, freilich unvollkom-
menen und unsicheren, Daten vor uns steht, war also

---

*) Der Bezug der Vierhügel zur Entwicklung des Mittel-
hauptwirbels ist durch die vergleichende Physiologie unwiderleglich dargethan. Man darf sich durch die Ausbreitung
der Hemisphären über dieses beim erwachsenen Menschen
an Umfang nur geringe mesencephalische Gebilde nicht irre
führen lassen und nie vergessen, dass die Bildung der
Schädelwirbel schon im Embryo erfolgt und diese ursprüngliche Beziehung, als die maassgebende, eben zu der Dreitheilung der Hirnmasse nöthigt.

in der That vorherrschend „Wille und Vorstellung“ und den Primat in seinem Seelenleben hatte entschieden der Wille. Das Gefühl dagegen trat, als blosser Modus dieser beiden, in den Hintergrund.

Und gleichwie dieses Ergebniss mit der obigen Auffassung seiner Lehre zusammenstimmt, so finde ich darin auch eine Bestätigung der Darstellung seines Charakters. Denn wenn ich die erstaunliche Kraftfülle, die ausserordentliche Stärke des Willens an diesem Schädel betrachte, so drängt sich mir die Ueberzeugung auf: die Seele dieses Menschen muss ein glühender Drang verzehrt haben, die ihr eingeborene Idee ihres Daseins darzuleben. Darzuleben sage ich, also nicht etwa nur: sie zu erkennen! Die Erkenntniss an sich, das Leben in der Wissenschaft, Gelehrsamkeit und Schriftstellerei vermochten diesem Menschen keine wahre, keine eigentliche Befriedigung zu geben. Erwägen wir nun den Umfang und die Tiefe der darzulebenden Idee, des Ideals, das ihn beseelte, das aus seinen Augen sprach und das seine Werke wiederspiegeln — so zieht sich sein Leben und Leiden in einer Welt, die zur Verwirklichung dieses Ideals keine Mittel bietet, zu einem tragischen Knoten zusammen, der seine Lösung nur in der „Verneinung des Willens“ finden konnte, weil ihm die centrale Einheit des Lebens im Gefühl, welches den Gegensatz aufhebt, nicht in gleichem Grade bewusst geworden war.